COLEÇÃO
INTERAÇÕES

Interações: crianças, dança e escola

Blucher

COLEÇÃO

INTERAÇÕES

Isabel A. Marques

Interações: crianças, dança e escola

Josca Ailine Baroukh
COORDENADORA

Maria Cristina Carapeto Lavrador Alves
ORGANIZADORA

Interações: crianças, dança e escola
© 2012 Isabel A. Marques
3ª reimpressão – 2019
Editora Edgard Blücher Ltda.

Capa: Alba Mancini

Foto: Isabel A. Marques

Blucher

Rua Pedroso Alvarenga, 1245, 4º andar
04531-012 – São Paulo – SP – Brasil
Tel 55 11 3078-5366
contato@blucher.com.br
www.blucher.com.br

Segundo o Novo Acordo Ortográfico, conforme 5. ed. do *Vocabulário Ortográfico da Língua Portuguesa*, Academia Brasileira de Letras, março de 2009.

É proibida a reprodução total ou parcial por quaisquer meios sem autorização escrita da editora.

Todos os direitos reservados pela Editora Edgard Blücher Ltda.

FICHA CATALOGRÁFICA

Marques, Isabel A.
   Interações: crianças, dança e escola / Isabel A. Marques; Josca Ailine Baroukh, coordenadora; Maria Cristina Carapeto Lavrador Alves, organizadora. – São Paulo: Blucher, 2012. (Coleção InterAções)

Bibliografia

ISBN 978-85-212-0662-0 (impresso)
ISBN 978-85-212-1795-4 (e-book)

1. Dança – Estudo e ensino 2. Educação de crianças 3. Prática de ensino. I. Baroukh, Josca Ailine. II. Alves, Maria Cristina Carapeto Lavrador. III. Título. IV. Série

12-04836   CDD-372.21

Índice para catálogo sistemático:
1. Criança, dança e escola: Educação infantil   372.21

A meu pai, Paulo de Azevedo Marques (in memoriam)

Às crianças, professoras e coordenadoras da rede pública do município de São Paulo que me fazem crer, diariamente, que dançar na escola não é somente possível, mas necessário e urgente.

Nota sobre a autora

Isabel A. Marques é escritora, diretora e professora de dança. Dirige com Fábio Brazil o Instituto Caleidos, em São Paulo/SP. Doutora em Educação pela USP, Mestre em Dança pelo Laban Centre (Londres), graduada em Pedagogia pela USP. Fundou e dirige o Caleidos Cia. de Dança desde 1996, premiada pela Lei de Fomento à Dança do Município de São Paulo e pelo Programa de Ação Cultural do Estado de São Paulo. Assessorou o MEC na redação dos Parâmetros Curriculares Nacionais (dança) e a UNESCO em documento para a América Latina. Assessora da SME-SP (gestão Paulo Freire) tendo sido responsável pela introdução da dança no currículo do município; da SEMEC Porto Velho, SEE Paraná, SMC Fortaleza, entre outros. Foi professora da FE/UNICAMP e convidada da ECA/SP. Ministrou cursos de pós-graduação em Goiás, Florianópolis, São Paulo, Viçosa, Curitiba, Rio de Janeiro, Natal, entre outros. Autora dos livros *Ensino de Dança Hoje* (6ª Edição), *Dançando na Escola* (6ª edição) e *Linguagem da Dança: Arte e Ensino*, contemplado pelo Prêmio FUNARTE de Dança Klauss Vianna 2009 e finalista do Prêmio Jabuti 2011.

Agradecimentos

Fábio Brazil, possibilidade de amor incondicional, de diálogo permanente, de processos de criação e transformação constantes – obrigada, mais uma vez, pela cuidadosa leitura comentada deste novo texto.

Anna Cândida, minha fonte dançante de infância dentro de casa – obrigada pela alegria de viver e de dançar, por me mostrar diariamente que crianças desejam e sabem ser protagonistas de suas danças, de suas vidas.

Josca Baroukh, pelo convite para participar desta coleção, prova de confiança e de amizade – obrigada pela cuidadosa interlocução no decorrer da escrita deste texto.

Apresentação

Educar é interagir, é agir **com o outro**, o que acarreta necessariamente a transformação dos sujeitos envolvidos na convivência. Foi essa a ideia que elegemos para nomear a coleção InterAções. Acreditamos que ensinar e aprender são ações de um processo de mão dupla entre sujeitos, que só terá significado e valor quando alunos e professores estiverem questionando, refletindo, refazendo, ouvindo, falando, agindo, observando, acolhendo e crescendo juntos.

Com base nessa premissa, convidamos autores e professores. Professores que conhecem o chão da sala de aula, que passam pelas angústias das escolhas para qualificar as aprendizagens das crianças, seus alunos. Professores que, em sua grande maioria, também são coordenadores de formação de grupos de professores, conversam com professores e, portanto, conhecem o que os aflige.

A esses autores, pedimos que estabelecessem um diálogo escrito sobre temas inquietantes em suas áreas de atuação. Temas que geram muitas dúvidas sobre o que, como e quando ensinar e avaliar. Temas recorrentes que, se abordados do ponto de vista de novos paradigmas educacionais, podem contribuir para a ação, reflexão e inovação das práticas de professores da Educação Infantil e do Ensino Fundamental I.

Apresentamos nesta coleção situações de interação entre professores e crianças: exemplos, sugestões pedagógicas e reflexões. Pontos de partida para o professor repensar sua prática e proporcionar a seus alunos oportunidades de se sentirem e serem protagonistas de suas aprendizagens. Acreditamos ser importante que o professor questione sua rotina e construa um olhar apurado sobre as relações cotidianas. Estranhar o natural estimula a criatividade, a inovação, o agir. E assim, é possível ir além do que já se propôs no ensino desses temas até o momento.

Nosso intuito é compartilhar as descobertas geradas pelo movimento de pesquisa, reflexão e organização do conhecimento na escrita dos autores. E proporcionar ao professor leitor a experiência de um "olhar estrangeiro", de viajante que se deslumbra com tudo e que guarda em sua memória os momentos marcantes, que passam a fazer parte dele. Queremos animar em nosso leitor a escuta atenta e estimular suas competências técnicas, estéticas, éticas e políticas, como tão bem explica Terezinha Azeredo Rios.

Em meio às dificuldades de ser professor na contemporaneidade, os profissionais da educação persistem na criação de planejamentos e ações que promovam as aprendizagens de seus alunos. Aos desafios, eles apresentam opções e são criativos. É para esses profissionais, professores brasileiros, e para seus alunos, que dedicamos nossa coleção.

Boa leitura!

Josca Ailine Baroukh

Sumário

Apresentação 13

1 Afinal, que dança é essa? Introdução às práticas de dança na Educação Infantil 15

    Introdução 15

    Conceitos e pré-conceitos 16

    Funcionalidade e expressividade 51

2 Dançar de várias formas: os componentes da linguagem nas dinâmicas das interações 73

    Introdução 73

    O conhecimento dos signos e as proposições artísticas 74

    Movimento e seus componentes 76

Apêndice 155

Referências bibliográficas 159

Apresentação

Terminei!

Que prazer poder começar uma apresentação dizendo "terminei", porque, na verdade, não há fim, só começos. Mas consegui colocar um ponto final neste texto e, ao fazer isso, visualizar as imensas relações que ele guarda com meus livros anteriores. Ao mesmo tempo, olhando para trás, vejo o quanto ainda há por ser pesquisado, experimentado e dançado com as crianças e professores de Educação Infantil.

Explico melhor: muitas vezes, ao decidir sobre o que colocar neste livro, voltei-me para os meus livros anteriores, consultei-os, reli trechos e me perguntei: mas será que já não disse isso? Será que estou repetindo demais os mesmos argumentos, conteúdos, ideias? No decorrer da escrita deste livro, não me preocupei mais com isso, resolvi assumir sim que tenho uma linha de pensamento sobre/nas relações entre a dança e a educação que vem se desenvolvendo há mais de 20 anos e que merece, a cada publicação, ser revisitada, recitada, enfim, ressignificada.

Mas fica nas entrelinhas o desejo de escrever muito mais. A dança na Educação Infantil não se esgota nas possibilidades aqui trabalhadas, ela é muito, muito mais ampla, profunda, relacional. Mesmo percebendo que há muito que caminhar ainda, e pulsando forte o desejo de conhecer mais, detive-me, para que pudesse concluir. E conclusões são sempre inconclusas: assim somos motivados a viver.

No texto que se segue, resolvi atender ao precioso convite da organizadora desta coleção, Josca Ailine Baroukh: sistematizar por escrito algumas de minhas experiências pessoais formando professores de Educação Infantil na área da linguagem da dança, dando continuidade à linha de pesquisa já iniciada há muitos anos.

Os leitores deste livro perceberão que inclui muitos exemplos de práticas possíveis de dança para as crianças pequenas, mas espero que não esgotem as práticas das salas de aula. Mesmo assim, alguns acharão, provavelmente, que não é o suficiente. Outros passarão por cima dos exemplos, pois já se tornaram protagonistas de suas práticas de dança na escola. De fato, essa foi a maior dificuldade que encontrei no decorrer da escrita: como equilibrar necessidades e desejos de um professorado tão heterogêneo? Corri o risco de tentar incluir todos esses grupos nessa discussão, pois essa é também a realidade do Brasil: um país múltiplo, repleto de riscos. Espero que tenha sido bem sucedida!

Para finalizar, desejo a todos uma boa leitura, esperando que ela se transforme em múltiplas danças – e interações – com as crianças.

Isabel Marques
∎

1 Afinal, que dança é essa? Introdução às práticas de dança na Educação Infantil

Introdução

Quando um adulto vê uma criança pequena se movendo ao som de uma música, muito provavelmente dirá que ela está dançando. Não dirá isso se a vir aconchegada, quieta, investigando suas mãos ou observando o mundo, mesmo que haja uma música tocando. Será que a dança está vinculada à presença do movimento externalizado? Ou ainda, será que só existe dança se houver música?

Uma criança maior, em atividade escolar, ao se mover "livremente" a partir das articulações do corpo, ao som de uma música instrumental (não convencional para dança), provavelmente não dirá que está dançando, e sim que está brincando. O mesmo dirá, provavelmente, a diretora da escola, caso não identifique na movimentação das crianças um conjunto de passos sequenciados: ela dirá que os alunos estão se mexendo, mas não dançando. Poderá ela, inclusive, na ausência da música, achar que as crianças estão fazendo bagunça! Será que a dança é necessariamente uma coreografia (conjunto de passos sequenciados)? Será que a dança não pode ser considerada, em si, uma brincadeira? Ou ainda, quando será que a brincadeira vira dança?

Se, numa apresentação escolar, uma criança não fizer exatamente a mesma movimentação do resto da turma, seus pais acharão que ela "errou". A coordenadora se perguntará se a professora realmente ensaiou bem a turma. Pode ser ainda que a própria criança fique frustrada por não estar repetindo e copiando os passos do resto do grupo. Será que a dança é necessariamente uma repetição em conjunto dos mesmos movimentos, ou seja, sempre deve ser um uníssono (todos fazem o mesmo, ao mesmo tempo)?

Caso a diretora da escola decida que a apresentação de dança será na sala de leitura ou então entre as árvores do jardim, provavelmente as crianças ficarão frustradas de não estarem no "palco", lugar convencionado para a dança cênica. Os avós se ressentirão por seus netos estarem em uma escola "sem auditório", as professoras poderão se sentir desprestigiadas. Será que a dança só acontece e tem *status* de arte se estiver em um palco (ou espaço semelhante)?

Conceitos e pré-conceitos

Neste capítulo, conversaremos um pouco sobre as questões acima. Discutiremos, principalmente, aquilo que se acredita ser dança e que está impregnado no imaginário sociocultural das crianças – e também dos professores, diretores, coordenadores, das famílias, de nossa sociedade. São esses conceitos (ou pré-conceitos) em relação à dança que muitas vezes nos impedem ou nos impelem a desenvolver trabalhos contínuos, amplos e aprofundados de dança nas escolas de Educação Infantil.

Trataremos desses conceitos alinhando-os com a história da dança cênica na sociedade ocidental. Conversaremos também sobre propostas de dança na escola do ponto de vista da arte, da dança como conhecimento, da dança como linguagem artística.

Fica aqui, então, uma primeira sugestão de trabalho a ser feito com as crianças e com seus familiares – e também com os próprios professores, coordenadores, diretores das escolas. O que é dança para eles? O que é dança para vocês, leitores?

Recentemente iniciei uma pesquisa sobre o conceito de dança em crianças de Educação Infantil (4 a 6 anos)[1]. As respostas foram

---
1 Essa pesquisa se iniciou com o *Projeto Leituras da Dança*, do Caleidos Cia. de Dança, coordenado por Isabel Marques e Fábio Brazil, em 2011, contemplado

as mais variadas possíveis: "dança é quando meus pais saem para o forró", "dança é se mexer", "dança é quando tem música, minha mãe adora dançar e ouvir música de Deus, ela só ouve música de Deus", "dança é *funk*", "dança é quando duas pessoas estão juntas", "dança é quando meus pais vão para balada", "dança é o que a gente faz aqui", "dançar é a letra da música", "dança é apresentação", "dança é quando tem festa aqui em casa", "dança é quando a professora manda", "na minha casa, ninguém dança"...

Sabemos que categorias são fluidas, permeáveis e que dialogam entre si – não são estanques. Sempre é interessante, no entanto, começarmos um trabalho com dança nas escolas mapeando e categorizando algumas respostas das crianças em relação a essa linguagem. É por isso que sugiro agrupar as respostas das crianças sobre "o que é dança para você?" de acordo com algumas categorias – elas nos ajudam a compreender melhor o universo da dança nas vidas das crianças, seus conceitos e impressões. Conhecendo seu saber prévio poderemos pensar melhor as diferentes formas de abordar a dança na escola. Inicialmente, proponho dois grandes grupos de categorias ligados à linguagem da dança:

- dança como expressão[2] – ligada a indivíduos e/ou a grupos sociais;

- dança como forma[3] – ligada às "coreografias", às danças "prontas".

---

pelo ProAC 22. O projeto constou de minicursos e fruição de espetáculo de dança contemporânea para professores e crianças de Educação Infantil na cidade de São Paulo. Agradeço aos professores e coordenadores das EMEIs Noêmia Ippolito, Ricardo Gonçalves, Brigadeiro Eduardo Gomes, Papa João Paulo II, Jean Piaget e Pérola Byington que participaram desse projeto e forneceram material para a pesquisa.

2 Aqui, é importante ressaltar que há bastante tempo a ideia de "expressão" no campo da arte vem sendo posta em xeque por alguns teóricos contemporâneos. Do ponto de vista desses autores, os trabalhos de arte não "expressam" ou "representam" algo – eles são algo a que os leitores atribuem sentidos. Aqui, por conveniência didática e no âmbito de abrangência deste livro, mantenho o conceito de "expressão", pois ainda é constantemente citado por crianças, seus familiares, professores e diretores de escola. Discutirei neste livro o conceito de "expressão" apenas no sentido oposto ao de funcionalidade.

3 Aqui não me refiro à categoria filosófica "forma", que gera o formalismo na arte. Forma no sentido aqui apresentado estará relacionada à fôrma, formatação, modelo – algo a que a matéria se encaixa.

No primeiro agrupamento estariam as respostas e vivências que dizem respeito aos sentimentos, sensações, percepções da dança e do dançar. A dança como "expressão" apoia-se primordialmente em *referências internas* e pessoais. Compreender a dança como expressão é também acreditar na possibilidade de a criança ser autora de suas danças, ou seja, possibilitar que ela crie, invente, componha. É esse conceito de dança que está entre os mais presentes nas justificativas oficiais para a dança fazer parte dos currículos e programas de Educação Infantil: a criança poderá se "expressar"[4] com o corpo!

Nos exemplos que demos acima sobre os conceitos das crianças sobre dança estariam primeiramente agrupados na categoria "expressão" as falas "dança é se mexer", "dança é quando duas pessoas estão juntas", "dança é quando meus pais vão para balada", "dança é quando tem festa aqui em casa". Poderíamos ainda incluir outras respostas muito comuns em relação à pergunta "o que é dança" cujas respostas estariam na categoria *expressão*: "dança é vida", "dança é o meu ser", "dança é o meu movimento", e assim por diante.

Já a dança como *forma*, ao contrário da dança como "expressão", está ligada principalmente a *referências externas*: a dança são passos, sequências, ritmos criados por outras pessoas e que são também internalizados, mas não são criados, gerados ou compostos pelas crianças. Estariam nessa categoria as respostas das crianças acima que dizem: "dança é quando tem música, minha mãe adora dançar e ouvir música de Deus, ela só ouve música de Deus", "dança é *funk*", "dançar é a letra da música", "dança é apresentação", "dança é quando a professora manda". Muito frequentemente ouvimos em resposta a "o que é dança?" a palavra "ritmos" – os ritmos musicais: forró, samba, axé, *rock* etc. Ou seja, a dança está atrelada aos repertórios, às formas/fôrmas musicais.

Apesar da crença de que o trabalho com a forma – com referências externas às crianças – não é muito bem cotado nos dis-

---

4 Importante ressaltar novamente que a ideia de expressão, tão presente em documentos e justificativas oficiais na área de Educação, nem sempre encontra fundamentação nos estudos contemporâneos sobre a arte da dança.

cursos pedagógicos e acadêmicos sobre a arte/dança para crianças, vemos na prática que o trabalho com repertórios tem sido o campeão de audiência em muitas escolas: propostas desenvolvidas nas unidades escolares vão do ensino dos repertórios de danças brasileiras (Ciranda, Quadrilha, Boi etc.), das danças de salão, da mídia, à cópia das dancinhas propostas nos DVDs da Palavra Cantada ou até mesmo da Xuxa.

O trabalho com repertórios prontos, "formatados" – e, portanto, apresentáveis em curto prazo – também é reforçado pela grande maioria de diretores escolares. Diretores que, por sua vez, atrelam-se às expectativas dos pais: todos querem ver seus filhos dançando "direitinho" no fim do ano. Como podemos trabalhar essa contradição? Como podemos trabalhar o que é pedagogicamente justificado (programas e currículos) e o que é socialmente esperado?

Por um lado, há a crença inequívoca de que dança é expressão do ser humano e, por isso, deve ser trabalhada com as crianças. Por outro lado, não raramente, professores se servem de repertórios prontos e acabados – portanto não existe um processo criativo e expressivo por parte das crianças – como proposta de atividades de dança nas escolas. Começa aí uma limitação das categorias. Mesmo as danças prontas, já conhecidas, podem se tornar um modo de conhecimento, de fruição e criação, não podem?

Tomemos como exemplo as danças brasileiras: a Ciranda é uma "dança pronta", criada ao longo dos séculos, "autor desconhecido". Aprendemos a dançar a Ciranda observando os passos, tentando "colocá-los no corpo", há um "certo" e um "errado", pois há uma movimentação que diz respeito somente à Ciranda. Quando essa dança está in*corpo*rada, ou seja, aprendida e percebida nos corpos, ela pode se tornar uma forma de criação pessoal, criação essa atrelada a uma expressão social e cultural – a "expressão da brasilidade".

Para que o aprendizado de repertórios se torne também fonte de fruição e criação, esses repertórios precisam ser aprendidos por outros meios que não sejam a cópia calada e mecânica, sem história, sem contexto, sem compreensão da linguagem. A Ciranda, ou qualquer outra dança do repertório brasileiro, não pode ser aprendida somente como um conjunto de passos, pois ela não é somente isso. A Ciranda, ou qualquer outra dança de repertório, deve ser entendida como uma *relação* entre quem dança, onde se dança e o quê se dança. Acima de tudo, existem *sentidos* no dançar que superam a reprodução pura e simples de sequências e passos.

Outra questão séria referente ao aprendizado de repertórios nas escolas são os critérios de escolha dessas danças "prontas". Ao longo deste livro vamos discutir esses processos de escolha e de ensino e aprendizagem dos repertórios para que sejam, também, fontes de fruição e criação pessoal e político-social.

Podemos ter a mesma discussão a respeito da dança como *expressão*. Embora nessa categoria a dança seja entendida primordialmente como "algo que vem de dentro", sabemos que tudo aquilo que "vem de dentro" (sentimentos, sensações, percepções) só é perceptível se traduzido de alguma maneira, em alguma "forma" – os sentimentos, as sensações, a percepção do corpo compõem movimentos visíveis, tornam-se "repertórios pessoais" de quem dança, podendo se tornar repertórios pessoais também das crianças.

Por exemplo, quando a criança aprende que "ir para o chão" (ou seja, deitar, rolar, usar o nível baixo do espaço) é uma possibilidade dentro do dançar, ela incorpora (apreende no corpo) essa alternativa e passa a utilizá-la em outras danças – o nível baixo passa a ser parte de seu repertório pessoal de movimentos.

Sugiro que pensemos, assim, também em outras categorias que ampliem a compreensão dos conceitos de dança das crianças: a dança para as crianças é conhecida como "dança folclórica", como uma manifestação da comunidade? Nesse caso, provavelmente a criança se refere às *danças brasileiras*. Ainda, a dança é um jeito de se divertir – as danças de salão, de rua, das festas, das baladas? Estaríamos, então, propondo uma *dança lazer*. As crianças mencionam a dança como uma manifestação religiosa, cultural? Nesse caso, estariam falando das *danças rituais*. Ou ainda, a dança para elas é arte, há compreensão de que há uma relação intencional entre autor e público? Nesse caso, estaríamos nos referindo à *dança cênica*.

Do mesmo modo que as primeiras categorias (expressão e forma), é claro que um ritual de dança – o carnaval, por exemplo – pode ser assistido como arte e, ao mesmo tempo, experienciado corporalmente como uma atividade de lazer. Há pessoas que consideram o carnaval um ritual tipicamente brasileiro. As categorias que trago aqui nos ajudam, somente, e nada mais do que isso, a localizar as *intenções geradoras* das danças em seus diferentes contextos.

Ao mapearmos e localizarmos essas intenções nas falas das crianças poderemos ter referências concretas de suas vivências, experiências, de seus conhecimentos prévios, de suas motivações e expectativas em relação à dança na escola. Ao conhecermos seus conceitos de dança (ou o que pensam sobre ela) podemos ter parâmetros concretos para iniciar um processo de ensino e aprendizagem na escola que seja impregnado de sentidos. Se, como coloca Paulo Freire, "educar é impregnar de sentidos cada ato cotidiano"[5], teremos a partir desse mapeamento possibilidade de *educar* ao desenvolvermos propostas de dança com nossos alunos.

Entramos, assim, em outra seara importantíssima nos processos de ensino e aprendizagem da dança nas escolas: o que pensamos sobre dança, ou seja, quais são os nossos conceitos de dança (dos professores)? O que vivenciamos? Como a dança está presente em nossos cotidianos? Inventariar e mapear os conceitos e vivências de dança dos professores – ou "inventariar-se" – é uma proposta bem interessante antes de começar a trabalhar com as crianças. Quantas vezes reclamamos que os alunos só querem dançar aquilo que está na TV e, nós mesmos, assistimos às novelas e programas de auditório? Ou seja, muitas vezes, as fontes de dança que temos, são exatamente as mesmas das dos alunos.

Nunca é demais lembrarmos que são raríssimos os cursos de formação superior em Pedagogia que incluem a dança em seus currículos. Já em serviço, são pouquíssimas as escolas e gestões governamentais que acreditam e investem em formação de pro-

---

5 Em citação de Moacir Gadotti no programa de rádio *Paulo Freire, andarilho da utopia*", parceria entre a Rádio Nederland e o Instituto Paulo Freire, realizado por Produções Artísticas de São Paulo, 1998.

fessores na área de conhecimento de dança. Historicamente, professores não têm tido formação específica para ensinar dança nas escolas de Educação Infantil.

Em decorrência dessa não formação, o ensino de dança nas escolas fica à mercê da intuição, da boa vontade, das vivências culturais e sociais de dança dos professores. Sabemos que intuição, boa vontade e experiência pessoal são importantíssimos, mas não bastam para um trabalho pedagógico significativo com as crianças, embora sejam sempre muito bem-vindos.

Ao mapearmos nossos próprios conceitos sobre dança – conceitos dos professores – veremos que, por exemplo, um professor que não gosta de dançar, que não pode dançar por questões religiosas, que não tem um histórico familiar "dançante", provavelmente privará seus alunos desse conhecimento.

Se para um professor "dança" é sinônimo de Balé, *Jazz*, Samba Rock, *Locking*, Axé, Maracatu, provavelmente suas aulas se restringirão ao ensino de passos e sequências prescritas pelas diferentes tradições, restringir-se-ão ao ensino de repertórios. Essa maneira de ensinar e aprender dança é a mais convencional e a que mais encontramos em escolas, academias e companhias de dança. Aprender repertórios não é, absolutamente, "errado", mas, certamente, uma forma bastante limitada e limitante de trabalhar a dança em situação escolar.

Se a dança é vivida e concebida pelo professor somente como forma de expressão, suas aulas estarão provavelmente atreladas a uma dança dita "livre". Historicamente, a dança "livre" vem sendo tomada como uma dança que não inclui a obrigatoriedade de aprendizados de códigos externos; será uma proposta de ensino em que os alunos podem se mover "à vontade", "à sua moda", sem orientação, proposta ou retorno do professor. Convencionou-se chamar a dança livre de "*laissez-faire*" (deixar fazer, em francês).

Ao longo deste livro discutiremos essas propostas e possibilidades de criação com as crianças e as diferenças entre o "*laissez--faire*" e os processos criativos orientados. Por agora, é importante nos darmos conta de que ensinar dança está diretamente relacionado aos conceitos e vivências dessa arte que temos como professores.

Em sala de aula, sabermos relacionar criticamente nossas vivências e conceitos pessoais às vivências e conceitos dos alunos é um primeiro passo, passo esse de suma importância para que redes de relações sejam traçadas, interações sejam construídas, sentidos sejam trabalhados. Um segundo passo – ou um passo simultâneo – é trabalhar com os pais/cuidadores esses mesmos conceitos para que expectativas externas não prevaleçam ou sejam frustradas.

O que é dança para você? O que é dança para seus alunos? O que é dança para as famílias dessas crianças? Para seu diretor(a)? Vamos continuar essa análise discutindo conceitos de dança e formulações de artistas, dançarinos, teóricos da dança e do ensino de dança. Traremos também contribuições da história da dança para ampliarmos nossa visão sobre a dança e a dança na escola.

Dança não é só movimento, é relação

Para muitas crianças, jovens e adultos, dança é somente movimento, e movimento "rápido". Realmente, a grande maioria das danças que conhecemos e que estão no imaginário social dos brasileiros não prescindem de movimento. Do axé às danças de salão mais tradicionais, como a valsa, por exemplo, corpos estão sempre se locomovendo, as pausas são mínimas, nem sempre perceptíveis aos olhos e corpos desatentos e/ou inexperientes.

É mais comum observarmos e vivenciarmos as pausas nas danças quando se trata da dança cênica: o balé, o flamenco, a dança contemporânea, por exemplo, trabalham intencionalmente com as pausas. Isso se dá porque a dança como construção artística é justamente fruto de processos de composição de seus artistas. O jogo entre as possibilidades de movimento e não movimento fazem parte do processo coreográfico dos profissionais da dança. Na música isso também acontece, existe sempre um jogo de composição entre o som e o silêncio.

> **Para saber mais...**
>
> Nas décadas de 1960-70, nos Estados Unidos, um grupo de jovens artistas que formaram o Judson Dance Theater e, posteriormente, o grupo de improvisação Grand Union, resolveu levar ao extremo as experiências com as pausas, ou seja, com o não movimento na dança cênica. Douglas Dunn, por exemplo, nascido em 1942, trabalhou coreografias como a chamada *Time Out* em que praticamente não se move por mais de uma hora de espetáculo... Em seu trabalho *101*, uma exibição performática, dançou sem movimento por quatro horas, seis dias por semana, durante sete semanas. Com isso, toma à cena da dança o não movimento, redefinindo, também, a dança: a dança é movimento e, a partir daquele momento, também é *não movimento*!

Obviamente construções de dança como as da década de 1960 são datadas e não fazem sentido como propostas pedagógicas. No entanto, essas propostas históricas devem nos iluminar no que se refere às experiências de dança com as crianças: pausar também é dançar, é perceber o corpo de outra forma, criando outras relações e sentidos nos tempos e nos espaços. Qual o sentido da pausa? Quando pausamos por iniciativa e desejos próprios? Quando "somos pausados"? Por quê? Em uma dança, que sentidos há em pausar?

Embora as experiências das décadas de 1960-70 tenham transmutado os conceitos de dança cênica na sociedade ocidental, essas experiências pouco modificaram os conceitos de ensino de dança (Marques, 1999). Ainda reside no imaginário de professores e alunos a ideia de que dança é sinônimo absoluto de movimento e que as atividades de dança na escola devem compor essa cena exclusiva de movimento.

---

6 Importante lembrar que, na música, o norte-americano John Cage, em sua peça *4'33*, de 1952, já havia entendido o silêncio como forma de música.

Vale aqui colocar mais um paradoxo em relação ao que acreditamos e ao que efetivamente fazemos como professores: ao longo do dia, o desejo de grande parte do professorado, admitamos, é que suas crianças "sosseguem"; uma das maiores queixas que se ouve em relação aos alunos de Educação Infantil é que "não param quietos". Embora valesse a pena, não vou aqui questionar e/ou discutir essa queixa para não desviarmos o raciocínio, mas somente perguntar: se professores anseiam por "menos movimento/agitação" em sala de aula, porque, ao proporem danças para os alunos, se frustram enormemente quando eles não se movimentam?

Talvez seja este o momento de começarmos a refletir sobre o movimento e a pausa, sobre múltiplos sentidos pessoais, educacionais e sociais dessa composição. As aulas de dança são uma maneira de vivenciarmos e refletirmos sobre o movimento e a ausência dele em diversos contextos sociopolítico-culturais, incluindo-se o contexto escolar, claro.

Nossa reflexão sobre a dança e o movimento não para aqui, ou seja, não pode se esgotar na "inclusão da pausa para compor as danças" em nossas propostas pedagógicas. Além de compreendermos que a pausa é também uma maneira de dançar, devemos nos lembrar de que a dança não pode ser definida *somente* como movimento e não movimento. A dança, se entendida como arte, é a *relação* de vários componentes, relação entre diferentes campos de significação. Vamos começar pelo começo?

Redes de relações

Há inúmeras atividades humanas que se traduzem em movimentos: os esportes, a culinária, os serviços domésticos, as brincadeiras de roda, o trabalho agrícola. Como a dança se diferencia dessas atividades? Se a dança for somente movimento ela é equivalente a um jogo de vôlei, uma arrumação de casa, uma brincadeira de "corre cotia", uma semeadura. Será isso mesmo?

No âmbito escolar, por exemplo, vale a pena perguntar: as aulas de Educação Física são/deveriam ser diferentes das aulas de Dança? Se o critério for somente a presença (ou ausência) de movimento, poderíamos dizer que não, que essas áreas de conhecimento se equivalem. No entanto, sabemos muito bem que essas duas linguagens são diferentes. Por que podemos afirmar isso?

Há muitos coreógrafos contemporâneos que utilizam os movimentos cotidianos como ideias e fontes para suas coreografias. São coreógrafos que tomaram como inspiração e/ou construção movimentos do esporte, dos serviços domésticos, das brincadeiras de roda etc. Esses movimentos, escolhidos no cotidiano, em um processo de criação artística, são trabalhados em *corpos* profissionais, ganham outras *intenções*, são colocados em outros *lugares*, ganham, enfim, outros *sentidos*. Não é só a escolha do movimento, portanto, que faz a dança, mas *como* esses movimentos são trabalhados.

A pesquisadora teatral Maria Lucia Pupo (2001, p. 182) enfatiza que

> "a cena [teatral, da dança] é constituída por uma complexa *articulação* [grifo da autora] entre diferentes sistemas de signos que não têm sentido absoluto em si mesmos, mas só adquirem significado uns em relação aos outros".

O que ela quer dizer com isso? Primordialmente, que para que algo se constitua como arte, há um conjunto de signos articulados em jogo. Vamos falar dos signos mais adiante.

Com base nos trabalhos do dançarino e coreógrafo Rudolf Laban (1879-1958), a pesquisadora inglesa Valerie Preston-Dunlop (2002) coloca que a dança é, justamente, uma *relação de nexo* entre alguém que dança (corpo), seu movimento (intenções), o espaço (lugares) e o som. Para ela, esses seriam os signos da dança: intérprete, movimento, espaço e som sempre significam algo para alguém.

Em minha pesquisa mais recente, incorporo as ideias de Preston-Dunlop reordenando os componentes da dança em três grupos principais: o intérprete (*quem* dança: biotipos e intenções), o movimento (*o que* se dança: corpos e ações) e o espaço cênico (*onde* se dança: paisagens sonoras e visuais). Com isso vemos que a dança não se define somente pelo movimento (ou não movimento), mas sim pelas *combinações* possíveis entre o próprio movimento, *quem* o gera e *onde* ele acontece. Enfatizo nesse trabalho que

> intérprete, movimento e espaço cênico são três campos de significação da dança que não fazem sentido até que sejam relacionados, até que encontremos e estabeleçamos relações entre eles, até que compreendamos o nexo entre os signos da dança dançada. Esse nexo aponta para as necessárias relações de coerência entre os campos de significação da dança se quisermos compreendê-la e vivenciá-la como *arte*. (Marques, 2010, p. 36).

Em outras palavras, antes de compreendermos, sugerirmos, refletirmos sobre as *relações entre os componentes da dança*, ainda não estaremos trabalhando com a dança enquanto *arte*. É exatamente nesse ponto que a dança se diferencia dos serviços domésticos, da Educação Física, ou até mesmo de uma brincadeira de roda: *ela relaciona signos de outras formas*. Isso não a torna melhor ou pior do que as atividades de Educação Física: mover-se para fazer um gol, para chegar mais rápido ou vencer um obstáculo é simplesmente *diferente* de mover-se no intuito de articular signos e possibilitar significações. A Educação Física tem outras funções e possibilidades de educar.

Resumidamente, para que estejamos trabalhando com as crianças a dança enquanto *arte*, devemos atentar para as *relações entre*: quem/com quem se move? O que se move? Onde se move? Acima de tudo, o que diferenciará o trabalho com a linguagem da dança/arte é a pergunta: por que se move? A seguir, um quadro síntese dos componentes da linguagem da dança[7] que indica respostas a essas perguntas.

---

[7] Para compor essa síntese foram consultados os autores: Laban (1966, 1975, 1974, 1975, 1988), Preston-Dunlop (1979, 1986, 1987), Mollie Davies (1995), Gilbert (1992), Rengel (2003), Newlove (1993), Bartenieff (2002), Hackney (2002), Fernandes (2006), Miranda (2008).

COMPONENTES DA LINGUAGEM DA DANÇA

- **quem/com quem se move?**
  referência ao *intérprete* da dança;
  referência aos *outros intérpretes*, ao *meio ambiente*.

- **onde se move?**
  referência à construção do *espaço* pelo corpo do intérprete;
  referência ao *espaço cênico* geral: palco, rua, biblioteca etc.

- **o que se move?**
  referência ao *movimento* e suas conexões.

- **por que se move?**
  referência às intenções, motivações, razões, questões estéticas, éticas, sociopolítico-culturais que movem os dançantes (artistas).

Base: MARQUES, Isabel (2010). *Linguagem da Dança*: arte e ensino. São Paulo: Digitexto.

São as redes de relações, a articulação, ou ainda as relações de nexo entre os signos que fazem com que a dança se torne uma linguagem. Conceber a dança como linguagem é justamente uma das grandes contribuições da dança em situação escolar: não podemos nos esquecer de que as

> "múltiplas redes de relações que se formam em sociedade estão na própria dança, por ser linguagem artística: a dança não é 'reflexo' ou 'espelho' da sociedade, ela é linguagem, *uma forma de ação sobre o mundo*" (Marques, 2010, p. 138).

Portanto, dependendo de como for ensinada, a dança pode abrir espaços para que corpos se relacionem consigo mesmos, entre si e com o mundo.

No próximo capítulo, retornaremos aos componentes da linguagem da dança e suas relações para conversarmos sobre os processos criativos e de interpretação da dança em situação escolar.

Por hora, basta que compreendamos a complexidade (e não a dificuldade) em trabalhar a dança na escola para que possa produzir sentidos. Para que possa educar, a dança na escola não pode se resumir a um conjunto de passos copiados de um DVD, pois a dança é arte, conhecimento, linguagem artística – *rede de relações* – e, por isso, tem um enorme potencial a ser compartilhado com as crianças de todas as idades.

Dança não é só brincadeira, é arte

Da mesma forma que acabamos de conversar sobre o movimento e a dança, começaremos aqui um diálogo sobre a brincadeira e a dança. Como vimos no início deste capítulo, para muitas crianças, a dança "com cara de brincadeira" não é dança, pois não se parece com uma coreografia, que elas acreditam realmente definir a dança. Trataremos aqui deste tema e também nos perguntaremos: quais as semelhanças e diferenças entre a brincadeira e a dança? Quando a brincadeira vira dança?

Quando proponho que a dança não é "só" brincadeira, de modo algum estou depreciando ou diminuindo a importância e a necessidade de brincar. Em pleno século XXI, o ideal seria não ser mais necessário discutir a importância do brincar na Educação Infantil: a ludicidade, sabemos, deve ser um denominador comum às atividades de sala de aula. A situação educacional lúdica está relacionada à criação e à transformação, "a brincadeira abre a possibilidade de criar outro mundo e outro jeito de ser e de viver" (Fortuna, s/d, p. 3), e isso é imprescindível para produção de sentidos.

A palavra brincar tem origem latina, vem de *vinculum*, que quer dizer laço, é derivada do verbo *vincire*, que significa prender, seduzir, encantar. *Vinculum* virou *brinco* e originou o verbo brincar. Conforme acabamos de conversar, a dança, quando compreendida como linguagem, também é um sistema, uma rede de relações, portanto, de vínculos – intrínsecos à própria linguagem. Portanto, tanto brincar quanto dançar em situação de ensino e aprendizagem possibilitam estabelecer redes múltiplas de relações: e as relações são sempre transformadoras (FREIRE, 1982).

Brincar e dançar são linguagens muito próximas, principalmente em situações de ensino e aprendizagem das crianças pequenas. Poderíamos sugerir, inclusive, que uma "brincadeira dançada" e uma "dança brincada" seriam a mesma coisa. Mas a brincadeira e a dança são linguagens distintas, constituem-se em campos de conhecimento diferentes, têm contribuições específicas a oferecer à educação das crianças.

Neste tópico, gostaria de estabelecer algumas diferenças e semelhanças entre a brincadeira e a dança, entre o brincar e o dançar, para que possamos compreender as relações entre as diferentes linguagens, sabendo, sempre, que não há coisa mais gostosa e significativa do que dançar *brincando*.

Corpos que brincam e dançam

Para que possamos conversar sobre as relações entre a brincadeira e a dança gostaria de fazer outra pergunta ainda relacionada à etimologia do "brincar" (criar vínculos) e do "dançar" (sistema de signos, rede de relações): como efetivamente criamos vínculos e tecemos redes ao brincar e ao dançar?

Uma das muitas respostas a essa pergunta pode ser: os vínculos se processam entre os *corpos* dos brincantes e dos dançantes. Lembremos que as relações entre as pessoas que brincam e dançam são eminentemente corporais – mesmo que estejamos pensando em corpos e espaços virtuais. Corpos em relação já formam vínculos, e, ao estabelecerem relações, podem tecer redes significativas de transformação. Vamos aprofundar um pouco mais essa ideia sobre o corpo, os vínculos, as brincadeiras e as danças?

Vários autores, entre eles Michel Foucault (1991), Don Johnson (1990), Denise Sant´Ana (1995), Susan Bordo (1993), cada um a sua maneira, defendem a ideia de que o corpo não é "natural", ou seja, ele não existe à parte dos contextos sociopolítico-

-culturais em que se encontra. Ao contrário, atualmente a proposição de que nossos corpos são um entrelaçamento de vivências de tempos e espaços sociais já é quase um consenso.

Isso quer dizer que nossos corpos são socialmente constituídos pela cultura em que vivem e historicamente construídos – a depender da época e do que se pensa e vive naquele momento histórico. Nessa linha de pensamento, adota-se o conceito de que não existe um corpo abstrato genérico que pertence à "espécie humana", mas muitos corpos, cada um com suas características próprias, influenciados e contaminados pelos tempos e espaços históricos e sociais em que vivem e atuam.

Johnson (1990) vai mais além e afirma que nossos corpos são "projetos de comunidades". O autor quer dizer com isso que nossos corpos não são livres dos condicionamentos sociopolítico--culturais cotidianos. O fato de alguém ser mulher no Brasil já a atrela a um conceito de mulher em uma sociedade machista, por exemplo. Existe, vamos assim dizer, um "projeto de comunidade" para o que é ser mulher no Brasil. Ao nascer mulher, uma pessoa não estará "livre" desses projetos, essa mulher terá de se compreender em um mundo cujos valores são masculinos e dialogar/transformar essa situação se assim o desejar. Do mesmo modo, existem "projetos de criança", "projetos de alunos", "projetos de professor"...

É por isso que trabalhamos com a ideia de que nossos corpos formam uma imensa teia de encontros formada pelas diferentes "comunidades" a que pertencemos: nossa família, igreja, grupo de amigos, escola, rua etc.

Esse conceito é muito importante para compreendermos as brincadeiras e as danças na escola e aprofundarmos a ideia de vínculos: há vínculos, claro, entre as pessoas que brincam e dançam, mas, de fato, *o próprio corpo já é uma rede de relações*, de vínculos, de laços. Em função dos "projetos comunitários", nossos corpos se tornam atravessamentos e cruzamentos de nossas histórias e vivências pessoais, sociais, políticas e culturais. Ou seja, trabalhar os corpos – permitir e incentivar que eles brinquem e dancem, que se transformem – já é em si uma forma de também transformar o mundo em que vivemos.

Nossos corpos são uma composição entre nossa etnia, gênero, classe social, crenças, idade, orientação sexual, biotipo, vivências estéticas, preparo corporal etc. Todas essas categorias se cruzam em nós constituindo nossos corpos. São também esses cruzamentos, essas relações, essas redes e interações de categorias sociais que nos diferenciam. Ou seja, embora estejamos atrelados aos projetos comunitários citados por Johnson, cada um de nós é único, pois o cruzamento entre essas diversas categorias (idade, gênero etc.) é pessoal, intransferível.

Vale então perguntar por que, com corpos tão diferentes, ainda prepondera no imaginário escolar a ideia de que devemos dançar da mesma maneira, ou seja, em uníssono (todos da mesma forma). Por que, como vimos, professores se aborrecem quando seus alunos não estão dançando, todos, "iguaizinhos"? Vamos olhar um pouco mais para os corpos que brincam e dançam.

Não há quem não pense, não sinta e não se lembre do corpo quando o assunto é brincar. O corpo está presente em praticamente todas as manifestações lúdicas do ser humano. O corpo faz parte e é elemento primeiro para realização das possibilidades de conhecimento, percepção, interação e até mesmo de transformação das brincadeiras que fazem parte de nossas vivências culturais lúdicas (Marques, 2009).

As brincadeiras não existiriam se não existissem corpos que brincam: que brincam de esconder, de pegar, de correr, de agarrar. As brincadeiras não podem prescindir dos corpos que jogam e brincam. Brincadeiras estão intrinsecamente relacionadas à como sentimos, percebemos, conhecemos, entendemos e dialogamos com nossos corpos, com os corpos dos outros e com os espaços físico e virtual em que vivemos.

Podemos dizer exatamente o mesmo sobre as propostas de dança: corpos assumem papel extremamente relevante e vital na composição das redes de relações conosco mesmos, com os outros e com o meio.

Nessa abordagem, nossos corpos não são meios, canais ou instrumentos, mas sim protagonistas das brincadeiras e das danças. Aquilo que sabemos, conhecemos, sentimos, entendemos, construímos em nossos corpos nos leva a estabelecer, ou não, múltiplas relações com os tempos e espaços em nossa sociedade. Nossos corpos que brincam e dançam são importantes *em si*. É por isso que Johnson (1990) afirma que não "temos" um corpo – corpo com funções, tarefas, finalidades –, mas que "somos" os nossos corpos.

Por exemplo: muitos professores acreditam que dançar é importante para "melhorar o relacionamento entre meninos e meninas", ou ainda para "melhorar a concentração em sala de aula". Nesse caso, "teríamos um corpo *para* auxiliar o comportamento adequado". O mesmo pode ser dito em relação às brincadeiras: o senso comum crê que elas "auxiliariam na alfabetização" ou então ajudariam a "melhorar a coordenação motora". Nesse exemplo, "teríamos um corpo *para* organizar o aprendizado". Essas seriam abordagens funcionais tanto da brincadeira quanto da dança que não reconhecem o corpo como quem somos, como nos constituímos. Nos casos citados, brincadeira e dança existem "para" e não "em" si mesmas, com e nos corpos das crianças e dos professores.

O que estamos enfatizando é justamente o contrário: se nossos corpos são em si mesmos redes de relações e de vínculos sociais e pessoais, ao brincarmos e/ou dançarmos, temos a insubstituível oportunidade de percebermos esses vínculos, de nos situarmos em relação aos outros, de nos compreendermos como cidadãos do mundo.

Os conceitos de Johnson (1990) sobre os corpos como projetos comunitários e a função não utilitária do corpo são fundamentais para que compreendamos muitas das relações entre as brincadeiras e as danças. São os corpos socialmente constituídos e historicamente construídos que brincam e dançam e, ao mesmo tempo, *são as brincadeiras e as danças que constituem e constroem nossos corpos*, e que, portanto, nos constituem e constroem.

Encontra-se aí, talvez, uma importante diferença entre a dança e a brincadeira: cada linguagem colabora de maneiras diferentes na constituição e construção de corpos em sociedade. A brincadeira constitui e constrói corpos lúdicos, a dança, corpos cênicos. Corpos lúdicos e cênicos dialogam na cena social, mas são diferentes – sendo um só!

Vamos agora nos deter um pouco mais nesses corpos cênicos que constituem a dança cênica (arte), já que esse é um dos diferenciais entre a dança e a brincadeira em situação escolar.

Corpos cênicos

Corpos cênicos
Fonte: Arquivo pessoal da autora

A rigor, nossos corpos estão sempre em cena: a cena social. Somos todos atores sociais que escolhem, atuam, conhecem, produzem, articulam, fazem e desfazem. O cenário social não pode prescindir do corpo e de seus vínculos, pois é assim que esse cenário se constitui e se transforma continuamente. A rigor, não existe uma sociedade sem corpos – sociedades são calcadas nas relações corporais significativas, não estáticas.

Mas se o corpo está sempre "em cena", o que seria o corpo especificamente cênico? O corpo cênico, ou aquele que está na cena das artes de performance (como a dança, o teatro, a música), além de dominar a linguagem corporal, debruça-se sobre, transformando-a em linguagem *artística*.

No/com o corpo cênico, a linguagem é construída, desconstruída, reconstruída, criada e recriada. O corpo cênico tem o potencial criador, criativo e construtor da linguagem artística, ele compõe e transforma as relações estéticas. Diferentemente de executar uma ação pragmática como abaixar e, por exemplo, amarrar o sapato de uma criança, o corpo cênico transforma o sentido desse "abaixar" funcional: abaixar pode expressar cansaço, curiosidade pelo que há no chão, morte etc.

Os corpos/atores das artes cênicas têm o potencial de estabelecer regras, recriar circunstâncias, inventar proposições à medida que leem e produzem dança. O corpo cênico tem possibilidades de ressignificar a linguagem corporal, colocando-a sob a égide da estética. Como professores, permitir e possibilitar que corpos cênicos se tornem também corpos expressivos, compartilháveis, comunicáveis e significativos para quem dança é uma premissa maior.

É por essa razão que é primordial pensarmos a dança na escola também como uma dança lúdica, que brinca, que permite e incentiva relações – e não imposições. A ludicidade nas propostas de dança permite que vínculos sejam recriados, ou seja, que experiências sejam possibilitadas, descobertas incentivadas, recombinações realizadas. Estaríamos, assim, propondo que na escola trabalhemos com e eduquemos *corpos cênicos lúdicos*. A dança que é brincada faz com que a brincadeira vire dança!

Nem sempre a arte da dança, no entanto, adentrou o universo das possibilidades abertas desses corpos para que pudessem brincar a dança, criá-la. Ao contrário, o sistema tradicional da dança e, principalmente, de seu ensino, vem historicamente formatando corpos, impedindo-os de serem corpos cênicos também brincantes, autorais. É o que veremos a seguir.

Um pouco de história

Não podemos continuar conversando sobre processos de educação de corpos cênicos lúdicos na Educação Infantil se não compreendermos historicamente as propostas de construção desses corpos pelo próprio sistema da dança. Vale a pena introduzir aqui um pouco de história para situarmos essa construção de corpos cênicos na arte da dança e que vem até hoje influenciando a dança que ensinamos nas escolas:

A dança cênica ocidental produziu, ao longo de sua história, vários conceitos de "quem pode" e de "quem não pode" dançar, de "como" deve ser um corpo que dança. Esses conceitos se ampliaram e contaminaram vários segmentos sociais, tendo impedido, inclusive, muitas pessoas de desfrutar do aprendizado da dança, de torná-la profissão. Nossas escolas estão impregnadas desses conceitos históricos e permanecerão como estão caso não os problematizemos.

O balé clássico talvez seja o melhor dos exemplos: de origem europeia, data de 500 anos, imprimiu o corpo feminino, esbelto, branco, longilíneo e esquálido como protótipo do corpo ideal para a dança cênica. Marcado pela figura feminina, branca, magra e alta do balé, este imaginário de dança até hoje atua como um fator que impede muitos homens, muitos negros, gordos e/ou baixinhos de se dedicarem a essa arte. Ou seja, o balé imprimiu um ideal de corpo que dança que não raramente exclui, afasta, segrega, discrimina corpos que não tenham suas características.

No início do século XX, com a dança moderna europeia e norte-americana, esse ideal de corpo etéreo, feminino e frágil foi questionado. Artistas modernos como Isadora Duncan, Martha Graham, Doris Humphrey, Rudolf Laban, entre outros, propuseram um corpo mais "humano" e humanizado para a dança cênica: o contato com os pés no chão foi um marco simbólico desse ideal. Mas o corpo profissional que dança continuou recoberto de necessidades técnicas, ou seja, de um treinamento específico (fosse ele qual fosse).

> **Para saber mais...**
>
> *Isadora Duncan* (1877-1927), nascida em São Francisco, foi considerada a pioneira da dança moderna nos Estados Unidos. Sua dança foi inspirada pelas figuras gregas, pela natureza, pelas sensações do corpo em movimento. É conhecida como "a dançarina que se despojou das sapatilhas" para "dançar a vida", desafiando todos os cânones existentes do balé clássico.
>
> *Martha Graham* (1894-1991), renomada dançarina e coreógrafa norte-americana, pertenceu à segunda geração de fundadoras da dança moderna. Inovou em propostas e conceitos de dança: sua técnica de trabalho era voltada para a expressão do ser humano via respiração, inspiração e contração e para o ideal social de uma forma melhor de vida.
>
> *Doris Humphrey* (1895-1958), dançarina e coreógrafa norte-americana da segunda geração de fundadoras da dança moderna. Explorou as nuances do corpo humano em resposta à força da gravidade, usando a queda e a recuperação como formas de dançar as necessidades e desejos do ser humano.
>
> *Rudolf Laban* (1879-1958) foi precursor da dança moderna expressionista na Alemanha. Nascido na Bratslava e falecido na Inglaterra, deixou vasto legado tanto para a dança ocidental quanto para os campos de Educação, Psicologia e Antropologia do movimento. Decodificou os componentes da linguagem da dança e criou a *labanotation*, escrita da dança.

O conceito de corpo que dança só foi radicalmente alterado na década de 1960 pelo grupo de coreógrafos norte-americanos já mencionado aqui, o Judson Dance Theater, de Nova York. Foram Steve Paxton, Yvonne Rainer, Trisha Brown, entre outros que, além de transmutar o conceito de movimento na dança, convocaram à dança cênica corpos cotidianos, pessoas sem treinamento técnico e/ou "biotipo específico" convencionalmente aceito para dançar. O grupo de artistas do Judson Church deu seu recado para o mundo em relação às possibilidades de corpos na dança: assistimos hoje a uma variedade imensa de corpos que dançam uma diversidade de maneiras de dançar.

No entanto, se observarmos com cuidado, o ideal de corpo cênico ainda é bem marcado – não mais "um" ideal (magro, branco, rico, longilíneo – protótipo do balé clássico), mas muitos ideais: há o corpo ideal para dançar o *hip hop*, o corpo ideal para dançar o flamenco, o corpo ideal para dançar dança contemporânea e assim por diante.

Rudolf Laban, coreógrafo austro-húngaro no início do século XX talvez tenha sido o único artista da dança ocidental a iluminar de forma diferente a questão do corpo ideal da/para o ensino de dança. Laban afirmava que todos os corpos são dançantes, pois todos os seres humanos se movimentam no tempo e no espaço. Cada pessoa, dizia, tem o potencial de expressar aquilo que escolhe e que seu movimento permite. Esse conceito foi fundamental para a introdução da dança nos currículos escolares em que a variedade de corpos é uma premissa.

O que mais nos interessa aqui, ao pensarmos a educação de corpos, ou seja, a educação de crianças, é como estamos constituindo e construindo corpos cênicos em nossas salas de aula: ainda temos, como professores, o ideário do corpo perfeito do balé, mesmo que seja inconscientemente? Acreditamos em corpos ideais para danças ideais? Como nos portamos diante de crianças mais gordinhas, com menos flexibilidade, com alguma "dificuldade" corporal para dançar?

Finalmente, não podemos nos esquecer de que a dança não é uma abstração, não aprendemos a dançar do nada: aprendemos a dançar dançando, primordialmente, em instituições de ensino, ou seja, nas escolas formais, não-formais ou informais. Qual tem sido, então, a contribuição da escola na educação desses corpos cênicos? Que atividades podemos propor nas aulas de dança para que corpos cênicos sejam parceiros dos corpos lúdicos?

Pensarmos a relação da brincadeira com a dança, portanto, seria propor em nossas salas de aula de dança que, eminentemente *dançando*, propiciássemos situações em que corpos cênicos pudessem brincar – criar vínculos. Estaríamos, assim, também contribuindo para a educação de corpos sociais cidadãos brincantes que soubessem estabelecer vínculos com os outros e com o mundo em que vivem.

No decorrer deste livro conversaremos sobre propostas de danças brincadas, de danças que trabalhem relações estéticas, mas que não prescindam dos jogos corporais, dos jogos da linguagem. Conversemos, então, um pouco sobre a linguagem da dança.

Dança não é só repertório, é linguagem

Quando ouvimos, por definição, que dança é *"funk"*, "ritmos", "forró", "axé", "carnaval", como já vimos, estamos nos referindo aos repertórios de dança, às danças que já existem e que apreendemos, in*corpo*ramos e corporeificamos tal qual foram preditas pela sociedade, por um coreógrafo, ou até mesmo pelo professor(a). Os repertórios de dança existem e são importantes fontes de conhecimento (conteúdos) a serem aprendidos em sala de aula, sem dúvida nenhuma. Conhecermos as Cirandas, o Maracatu, a Dança da Fita, o Coco, o Carimbó etc. (repertórios de dança), equivale a lermos livros já escritos por outras pessoas: podemos conhecer tradições, autores, suas formas de escrever, dizer, significar.

Para saber mais...

A in*corpo*ração da dança vem do termo inglês *"embodiment"* e foi usado por Valerie Preston-Dunlop (2002) para definir os processos que "dão formas tangíveis às ideias". Com isso, amplia o conceito de aprendizado da dança que vai para além de "exercitar músculos, pele e ossos". Já a noção de corporeificação, ou *corporalidade*, diz respeito a não destituir do intérprete da dança seu poder criativo e reconhecer que seu o corpo é impregnado de pessoalidades, emoções, sexualidade, vivências culturais e políticas; seu corpo não é somente biológico.

Cada repertório de dança é um recorte de uma época, de um espaço geográfico, de um modo de ver e entender o mundo. Assim, ao dançá-los, temos também a oportunidade de compreender em nossos corpos essas épocas, espaços, pessoas, relações. Para que isso aconteça, no entanto, é necessário que as danças de repertório sejam, em primeiro lugar, escolhidas com critério e, em segundo, ensinadas com amplitude, profundidade e clareza.

Vejamos o primeiro caso: a escolha criteriosa dos repertórios. Essa escolha deveria passar pelos mesmos critérios que temos na escolha de livros para as crianças. Gosto sempre de me perguntar quando escolho um repertório a ser ensinado/aprendido: o que esse repertório/dança permite que as crianças aprendam sobre arte? Sobre si mesmas e sobre os outros? Ao dançarem esse repertório, o que elas aprendem sobre o/no mundo em que vivem?

Poderíamos detalhar essas perguntas/critérios: os repertórios escolhidos são ricas fontes de tempos, espaços e relações? Uma dancinha da Xuxa, por exemplo, se esgota nela mesma em relação à historicidade, aos diferentes espaços geográficos, às relações interpessoais. Ou, de outra forma, essas danças precisam passar pelo crivo das reflexões educacionais para que se tornem fontes de problematização e conhecimento e não somente uma cópia ingênua de passos.

As danças escolhidas/repertórios permitem ampliação de conhecimento? As danças propostas pelas bandas de axé, por exemplo, são superficiais, não permitem tecer redes de relações com outras áreas do conhecimento, expandir discussões, aprofundar conceitos. Ou, de outra forma, essas danças só se tornarão significativas se nos propusermos a problematizarmos, articularmos, criticarmos e transformarmos seus componentes.

Enfim, vale perguntar se as danças escolhidas são interessantes fontes de componentes da linguagem. Muitas das músicas escolares que incluem movimentos, por exemplo, se restringem a apontar, imitar, "mimicar" com o corpo suas letras – elas abrem pouco espaço para criação e/ou interpretação pessoal de cada criança.

O segundo ponto para escolha de repertórios significativos é sabermos *como* vamos ensinar esses repertórios. Conforme já conversamos bastante, a cópia mecânica de repertórios não educa corpos cênicos ou lúdicos; "educam", isto sim, corpos silenciados, apáticos, não participantes e/ou expressivos. Isso significa também educar *cidadãos* não lúdicos, silenciados, apáticos, não participantes e/ou expressivos. Michel Foucault (1991) chamou esses corpos de "corpos dóceis" – obedientes, não críticos. Ao entendermos o ensino de dança como reprodução mecânica de repertórios, estaremos primordialmente educando corpos dóceis.

Há perguntas que não podem ser silenciadas: queremos, como professores, que nossos alunos se tornem virtuosos e "bonitinhos" bailarinos, que aprendam os "passos" e que sejam hábeis ou que, ao aprenderem a dançar diferentes repertórios, compreendam também a história de um povo, de um país, de uma época? Além disso, queremos que nossos alunos possam se perguntar, quem somos nós, hoje, nesse país/mundo e o que faremos com isso ou não?

Uma das formas de incorporarmos e corporeificarmos – e não simplesmente copiarmos e decorarmos – danças de repertório é compreendermos suas histórias, contextos, atravessamentos. Qual a origem da dança? Quem a dançava? Onde? Qual a motivação desse dançar? Ademais, é também interessante verificarmos com os alunos os locais onde ainda se dançam os repertórios escolhidos, quem dança, quando dançam, por que ainda dançam? Essas investigações ampliam o universo da dança, possibilitam relações com outros campos de conhecimento – os tempos, os lugares, as pessoas.

Tomemos, por exemplo, a Capoeira. Ao ensinarmos a Capoeira aos alunos, poderemos abrir mapas e estudarmos histórias e geografias dos negros vindos da África, suas vidas, propósitos, lutas. Poderemos também abrir os mapas de nossas próprias cidades – onde estão os negros, como são suas vidas, propósitos, lutas? Ainda são os mesmos?

Contextualizar as danças de repertório é uma forma de ressignificá-las, ou seja, de produzir novos sentidos, sentidos nos tempos presentes dos alunos. Esse é um primeiro passo para descobrirmos (retirar a coberta) aquilo que já existia e que passa a existir novamente nos corpos de cada criança ao dançar – nesse exemplo, a Capoeira.

Assim, ao aprendermos danças de repertórios ricas em histórias – tempos e espaços – teremos a oportunidade de nos situarmos em nossos tempos e espaços. Nessa perspectiva, ao ensinarmos, por exemplo, o Bumba meu Boi, outra dança da tradição brasileira, não temos somente a intenção de "resgatar o nosso folclore".

O ensino das danças das tradições brasileiras se prestam a compreender as relações entre os tempos e espaços daquela dança e os tempos e os espaços que hoje vivemos. O simples "resgate" é estanque; já a contextualização é móvel, flexível, relacional, significativa. Não podemos nos esquecer de que:

> o *frevo* e a *capoeira* podem ser tão estrangeiros para um paulistano do bairro da Mooca quanto o *balé clássico*, a *valsa* vienense, o *"butô"* japonês ou as *"sevillanas"* espanholas. O recifense entra no *frevo* sem aquecimento, enquanto que os joelhos do paulistano padecem e gritam sem um preparo corporal. Da mesma forma, um jovem urbano está muitas vezes mais próximo de um jovem norte americano através de algumas danças urbanas do que do jovem amazonense através do *carimbó*. (Marques, 2003, p. 156)

Isso não quer dizer que, na escola, não podemos tentar aproximar as crianças das danças brasileiras, muito pelo contrário. Talvez seja um dos papéis da escola, justamente, trabalhar essa questão da identidade e da identificação das crianças com os processos sociopolítico-culturais do Brasil que a linguagem da dança permite.

No entanto, para realmente in*corpo*rarmos repertórios de dança, não basta que os contextualizemos por meio de conversas, pesquisas, investigações (Marques, 2010). A compreensão *corporal* daquilo que se dança é primordial para que nos tornemos também coautores dessas danças. Compreender racionalmente/teoricamente tempos e espaços é somente uma etapa da coautoria.

De fato, se aprofundarmos a questão da relação entre corpo e mente, poderíamos dizer que a compreensão corporal dos repertórios já inclui e está intimamente ligada à compreensão "mental" da dança, pois corpo e mente não se separam, são "corponectivos" (Rengel, 2008) – pensamento e corpo são sempre trazidos juntos. O que quero enfatizar aqui é que compreender histórias e contextos são informações *sobre* as danças de repertório que ainda prescindem de uma compreensão *no* repertório em si, ou seja, dançar – in*corpo*rar, *corpo*reificar a dança.

Para ampliarmos, aprofundarmos e realmente compreendermos os repertórios de dança, temos de nos perguntar: como essa dança se processa nos *corpos* dos alunos? O que sentem? O que percebem? O que sabem sobre/na dança *em si*? Conhecer, vivenciar, perceber os elementos da linguagem que compõem as danças de repertório é um caminho para isso. Por exemplo, qual é o *tempo* dessa dança? As *ações corporais*? Veremos isso mais adiante neste livro.

Se soubermos "tudo" – se tivermos muitas informações – sobre o Maracatu Rural (dança popular brasileira), por exemplo, e continuarmos copiando e reproduzindo seus passos na hora de dançar, muito pouco terá sido feito para que essa dança produza sentidos nos corpos e nas vidas das crianças.

Para saber mais...

O *Maracatu Rural* é uma manifestação cultural do estado de Pernambuco.

Os cortejos do Maracatu Rural são originalmente formados por trabalhadores rurais que com as mesmas mãos que cortam

> cana, lavram a terra e carregam peso, também bordam golas de caboclo, cortam fantasias, enfeitam guiadas, relhos e chapéus. A personagem mais conhecida do Maracatu Rural é o caboclo de lança, símbolo da cultura pernambucana, conhecido também como guerreiro de Ogum. O ritmo musical dos maracatus se caracterizam por uma percussão forte, ritmo frenético e teve origem nas cerimônias de coração de reis e rainhas da nação negra.

Maracatu rural – Cabloco de lança mirim
Fonte: Galeria da Prefeitura de Olinda. Disponível em: <http://www.Flicker.com/photos/prefeituradeolinda>.

Aqui entramos em outra seara do ensino de dança: o ensino da linguagem, pois a dança não é só repertório, é linguagem. Aliás, se não nos apropriarmos dos componentes da linguagem nunca seremos capazes de compreender e de dançar os repertórios existentes de forma crítica, consciente, provida de sentidos.

Um paralelo com a linguagem verbal sempre é interessante: aquilo que chamamos na dança de "repertórios" equivale aos "textos" da linguagem verbal. Fazer com que as crianças decorem textos não garante que o compreendam, não é mesmo? Há longa data, a "decoreba" já foi extinta das salas de aula para que não continuássemos educando "papagaios". Para que compreendam, articulem, interpretem, emitam opiniões é necessário que saibam *ler* e produzir (ler como autores de sentidos) esses textos, em seu sentido mais amplo.

O mesmo acontece com a linguagem da dança: é necessário que as crianças aprendam a ler (em seus corpos) os repertórios de dança. Vamos pensar na Quadrilha? A Quadrilha é um repertório, um texto de dança. Se dançarmos a Quadrilha atentando para as progressões (trajetórias) perceberemos que todas elas estão presentes: as linhas retas, onduladas, circulares e até mesmo o ziguezague – conversaremos sobre esses elementos mais tarde.

O que quero propor aqui é que as crianças também podem descobrir isso, *dançando*. Ao dançar com essa consciência, essas trajetórias serão impregnadas de sentidos. As crianças construirão outros sentidos sobre linhas e curvas. As linhas curvas, por exemplo, nessa dança, dão sentido ao "caminho da roça", raramente uma linha retilínea!

O importante agora é entendermos que a dança não pode se resumir ao aprendizado de repertórios, mesmo que sejam escolhidos com critérios e ensinados com amplitude e profundidade. Não podemos, como professores, nos limitar a "repassar" repertórios – precisamos fazer com que nossos alunos se tornem leitores e também produtores da dança e, com isso, leitores e cocriadores de mundo (Marques, 2010).

Não estou dizendo aqui que devemos abandonar os repertórios, seria o mesmo que dizer às crianças que abandonem os livros. Meu argumento é que, a menos que compreendamos a dança como linguagem, nossas crianças serão incapazes de compreender – corporal e mentalmente, "corponectivamente" – aquilo que estão dançando. Em suma, a dança não é só repertório, é linguagem artística.

A linguagem é um *sistema de signos que permite a produção de significados*. O que isso quer dizer? Ao pensarmos a dança como um *sistema* queremos dizer que ela é, inicialmente, uma combinação de um conjunto de elementos e suas relações, "a dança é um conjunto partilhável de possibilidades de combinação e arranjo dos campos de significação..." (Marques, 2010, p. 102).

O *signo,* conforme já vimos, é tudo aquilo que quer dizer alguma coisa para alguém – a palavra "mesa" é um signo, por exemplo. Esse signo produz diferentes significados, pois cada um atribui um sentido a essa "mesa" de um jeito, a depender do momento histórico e da sociedade. Para um oriental, a imagem de mesa que vem à sua mente é diferente da imagem de mesa para um ocidental. Mas, para as pessoas de uma mesma comunidade, o sentido de mesa é compartilhado. Ou seja, quando dizemos "mesa", as pessoas imaginam uma superfície plana, sustentada no espaço por pés. A linguagem como um sistema de signos é um conjunto de possibilidades que produzem sentidos. E esses sentidos podem ser partilhados.

A linguagem, sendo um *sistema*, existe justamente por estarmos no mundo e termos necessidade de nos relacionarmos uns com os outros. Assim, o conceito de relações está implícito no conceito de linguagem. A linguagem só existe nas relações com os outros, no reconhecimento dos outros (Marques, 2010).

É por isso que a linguagem não espelha o mundo, ela é uma *ação sobre o mundo*. Toda vez que falamos, dançamos, brincamos, cantamos, estamos agindo sobre o mundo. A arte, compreendida como linguagem, portanto, tampouco espelha o mundo, ela é, isto sim, ação sobre ele. Nessa linha de argumentação, a dança, compreendida como linguagem artística – e não somente como repertório – tem o potencial de agir sobre o mundo.

Vamos pensar juntos? O que é mais interessante? Ao compreendermos a dança somente como repertório – repertórios esses decorados e reproduzidos em sala de aula – estaremos também reproduzindo o mundo acriticamente, docilmente. Se compreendermos a dança como linguagem, poderemos ler corporalmente seus repertórios, ou seja, teremos a possibilidade de agirmos sobre esses repertórios e, consequentemente, sobre o mundo. As diferentes leituras da dança – de seus repertórios – nos permitirão também diferentes leituras de mundo.

Para isso, é preciso que ensinemos e aprendamos a dança como linguagem, como linguagem *artística*. Aprender e ensinar os signos não basta – uma aula inteira abaixando e levantando para compreender o que é o "nível baixo do espaço" pode ser bastante entediante, e não promover, necessariamente, relações estéticas.

O *jogo articulado entre os signos* é que permite às crianças a descoberta de suas possibilidades corporais em diálogo com as possibilidades do sistema da dança. Para que tenham uma experiência corporal estética, cada criança deve também ter a oportunidade de estabelecer relações entre quem, o quê, como, onde (campos de significação) se dança, esse é o cerne do trabalho com a linguagem – as infinitas redes de relações que podemos formar.

Em nossos primeiros exemplos, na introdução deste capítulo, citamos como hipotética a situação de aprendizagem de uma "dança sem coreografia", que as crianças teriam identificado como brincadeira e a diretora, como bagunça. Naquele exemplo, cada aluno estava experienciando e percebendo as possibilidades de seu corpo a partir de um signo – no caso, dançar com as articulações.

Ao contrário de produzir danças com movimentos iguais, ou seja, coreografias em uníssono (expectativa social), os jogos da linguagem permitiram e incentivaram que cada um conhecesse e dançasse seu próprio corpo em suas possibilidades de criação. Isso pode ser muito estranho aos olhos do senso comum, mas é extremamente interessante se levarmos em consideração os múltiplos corpos que somos no mundo. Retomo a ideia: se somos tão diferentes, não é nada interessante do ponto de vista da Educação dançar sempre as mesmas coisas da mesma maneira, certo?

Em outro exemplo apresentado na introdução deste capítulo, houve estranhamento, decepção e pena com o fato de as crianças não estarem se apresentando no palco, local convencionado há séculos para as apresentações teatrais/de dança. Novamente imperará o senso comum se não conhecermos a linguagem e seus jogos: o espaço cênico é um dos campos de significação da dança, ele também é múltiplo, abarca tantas possibilidades quantos forem os corpos dançantes. Ou seja, ir para o jardim, ou para a sala de leitura, é mais uma entre as articulações entre intérprete, movimento e espaço. É mais uma possibilidade de criação entre as tantas existentes ao longo da história.

Nesse circuito de experiência-articulação-percepção-criação, sempre convém lembrar que:

> o tratamento da dança como linguagem artística em nossas salas de aula, creio, acrescenta ao diálogo dança/mundo as lentes da estética, das relações não funcionais, dos propósitos não finalistas, das leituras corporeificadas "desinteressadas". (Marques, 2010, p. 146)

Introduzimos no item anterior os componentes da linguagem da dança, seus campos de significação (intérprete, movimento, espaço cênico), que nos possibilitam os jogos estéticos, os processos criativos, novas e inúmeras tessituras do sistema da dança. O importante é lembrar que aprender esses signos significa dançá-los, compreendê-los efetivamente dançando – inclusive, dançando repertórios!

Dança não é só divertimento, é conhecimento

Para finalizar este tópico, gostaria de trabalhar a relação entre divertimento e conhecimento. Historicamente, a Arte, até o ano de 1996, não era considerada área de conhecimento a ser ensinada na escola, a Arte era considerada somente um atividade. Embora o quadro legal tenha mudado e a Arte agora seja compreendida pela Lei de Diretrizes e Bases como disciplina, vemos que, em grande escala, professores e crianças, diretores e pais entendem a dança como divertimento, relaxamento, uma forma de espairecer entre atividades mais duras, "sérias", que "exigem concentração e esforço".

Um exemplo disso é a forma como muitas escolas de Educação Infantil organizam suas rotinas: pela manhã, as disciplinas de "mesa", ditas mais sérias, como Português e Matemática. Após o almoço – ou antes dele – Arte, para relaxar antes e depois de voltar para a sala de aula. A argumentação para essa forma de pensar e organizar a rotina passa pela alegação de cansaço e da necessidade de divertimento por parte dos alunos. A agitação e a agressividade das crianças também constantemente justificam trabalho de dança como relaxamento.

Não gostaria de pensar que essas argumentações estejam totalmente erradas, mas talvez equivocadas. É certo e interessante que as crianças se divirtam – acabamos de conversar sobre a importância da brincadeira. É também certo e interessante que gostem, que se animem e se envolvam com aquilo que estão fazendo. Relaxar sempre é bom e resolver as questões de agressividade, bastante saudável.

Mas cabe sempre a pergunta: além de tudo isso, o que elas estão *aprendendo* com as propostas de dança? A Arte, como qualquer área de conhecimento, tem conteúdos específicos a serem ensinados e aprendidos. Por que, então, entender a dança somente como relaxamento, divertimento, "tapa buraco"?

Na década de 1980, a pesquisadora Ana Mae Barbosa, pioneira em suas propostas educacionais no Brasil e no mundo, vira do avesso a epistemologia do ensino de Arte. Em primeiro lugar, reorganiza o pensamento pedagógico da época, levantando a bandeira de que Arte é conhecimento e não somente "um grito da alma", um fazer desenfreado. Barbosa compreende que "as experiências de ateliê, de produção, do fazer artístico compreendem somente uma parcela do conhecimento da linguagem da arte. Fazer só não basta" (Marques, 2010, p. 147).

Barbosa (2010) introduz a proposta de que o conhecimento da Arte está na intersecção entre o fazer (no caso da dança, o dançar), a apreciação (olhar, fruir, assistir, ler) e a contextualização. Essa forma de compreender o conhecimento em arte foi chamada de Abordagem Triangular no Ensino da Arte e foi internacionalmente reconhecida como uma forma de ampliar e aprofundar o conhecimento nessa área em qualquer fase de escolarização.

Na Educação Infantil, essa proposta traz a possibilidade de complementarmos os horizontes da brincadeira e das experimentações com o corpo: ela permite que adentremos o universo da linguagem, da estética, das relações com os outros.

Voltemos ao exemplo da Capoeira: ao propormos uma atividade, por exemplo, de conhecimento dos níveis do espaço (signo da linguagem da dança), podemos reconhecê-los ao jogar a Capoeira, efetivamente dançando. Quando é necessário abaixar? Levantar? Agachar? Isso pode ser sentido no corpo e observado pelos colegas, pois a Capoeira é um jogo que já incorpora a apreciação. A partir da escolha de um signo (no caso, níveis), podemos fazer e apreciar um repertório de dança. Seria interessante que os alunos assistissem a outras danças que também se utilizam dos três níveis de espaço e compará-las à capoeira.

Nos últimos anos, partindo da proposta de Ana Mae Barbosa, tenho sugerido que, em situação escolar, podemos expandir a prática de dança (leitura corporal no fazer e apreciar) e a contextualização (história, tempos e espaços) para o universo das relações sociopolítico-culturais. Chamei essa proposta de *Dança no Contexto*.

Por que não descobrir com os alunos, em outros espaços (na escola, em casa, na rua) quando eles estão nos níveis alto, médio e baixo do espaço? Adultos e crianças constroem os mesmos espaços? Em muitos espaços geográficos as pessoas comem no nível baixo do espaço, outras, em pé, correndo. Aqui no Brasil, o hábito é sentar em cadeiras, no nível médio. Podemos, por exemplo, reparar quando, no parque, nos abaixamos por causa de outra pessoa – assim como na Capoeira – ou ainda porque, em casa, os adultos estão menos no nível baixo do espaço. Vamos observar o mundo "colocando os óculos" dos níveis do espaço? Podemos fazer isso também com outros signos, como articulações, progressões etc.

A pergunta mais importante de todas essas investigações, conforme já vimos, será sempre *por quê*? Tomando ainda o exemplo dos níveis do espaço: por que nos movemos em diferentes níveis do espaço em nosso dia a dia? Por que adultos e crianças constroem diferentes níveis do espaço? Em que situações? Por que os japoneses comem no chão? Isso é igual ou diferente da movimentação da Capoeira que dançamos?

Danças, leituras, reflexões podem gerar mais movimentação, combinações, outras danças de autoria das crianças, outras vontades de assistir dança e assim vamos, dançando!

Muitos professores têm experimentado essa proposta integrada entre o que sugeriu Ana Mae Barbosa (Abordagem Triangular) e Isabel Marques (Dança no Contexto) e percebido o quanto o olhar e os corpos das crianças se transformam quando tomam consciência de suas possibilidades corporais a partir da incorporação e corporeificação dos signos da linguagem em diálogo com o fazer, o apreciar e a contextualização da dança.

Funcionalidade e expressividade

Vamos começar essa conversa nos dirigindo à funcionalidade do corpo em movimento, ou melhor, aos aspectos funcionais do próprio movimento.

Tendo que "os movimentos de um ser vivo servem-lhe, em primeiro plano, para que assegure o cumprimento das suas necessidades vitais" (Laban, 1978, p. 151), ou ainda que o movimento funcional "caracteriza-se por ser um movimento associado à operação de trabalho ou a um objetivo específico" (Rengel, 2003), podemos dizer que nossos corpos em movimento exercem funções o tempo todo para que possamos, sobretudo, sobreviver.

Mas será que basta "sobreviver"? O interessante seria pensarmos em corpos e movimentos que, ao contrário, exercem funções para "viver". Vamos entrar nessa seara agora: as relações entre os aspectos funcionais e expressivos do corpo em movimento e as possibilidades de ampliar, aprofundar e atribuir significados às nossas vivências, à vida.

Nem sempre estamos conscientes dos atos funcionais exercidos pelo nosso corpo, pois muito frequentemente colocamos tudo no "piloto automático". É muito comum no mundo adulto que funções corporais cotidianas acabem sendo exercidas automaticamente. Escovamos os dentes sem atenção, comemos muito rápido, não bebemos água na hora que deveríamos, quase nunca apreciamos uma caminhada na rua. Não raramente, nossa desatenção às funções corporais que nos garantem a sobrevivência acabam sendo exercidas sem percepção, sensação, sem prazer. Assim, também nos automatizamos – como se fôssemos máquinas de execução de rotinas cotidianas.

Com as crianças, isso também pode acontecer quando não observamos com cuidado o aprendizado das funções cotidianas de seus corpos, ou seja, o aprendizado da funcionalidade de seus movimentos. Aquilo que é necessidade básica e que pode nos processos educacionais ser prazer, fruto de sensações e percepções diferenciadas, acaba virando um amontoado de deveres impostos pelo mundo adulto. *Brincar* de comer, *jogar* com o corpo ao tomar banho, se *divertir* ao andar na rua fugindo das linhas, *explorar* o espaço com os primeiros passos e quedas, *descobrir* lugares, são ações que rapidamente se rotinizam.

Nosso corpo aprende a exercer suas funções básicas corriqueiramente desde o nascimento: aprendemos a descer a escada, pegar um copo, lavar as mãos, ir ao banheiro, comer com talheres, atravessar a rua... Muitas vezes, aprendemos tudo isso somente por imitação, cópia e repetição de adultos cuidadores, irmãos, colegas da mesma idade.

Em outras ocasiões, não é a cópia por iniciativa pessoal que prevalece: há quem nos ensine propositivamente, quem dê dicas, mostre, explique *como* fazer as coisas; muito comumente há quem sistematize esse conhecimento cotidiano do corpo em movimento no tempo e no espaço. Esse é um dos papéis do professor em situação escolar.

O fato é que todos nós temos necessidades corporais cotidianas de sobrevivência básica e, sobretudo, de convivência social. Essas necessidades exigem que aprendamos como o corpo funciona, como o movimento pode atuar para que desempenhemos nossas funções pragmáticas no cotidiano a contento de todos.

As escolas de educação infantil teriam um papel muito importante no processo de aprendizagem das funções do corpo e do movimento a fim de organizá-las, sistematizá-las, ampliá-las, e, sobretudo, de relacioná-las aos contextos de interação social. As escolas têm um papel muito importante para que o aprendizado das funções do corpo não se automatize, não se torne meramente um polo de sobrevivência, mas de efetiva *vivência* das crianças nos tempos e espaços que os corpos descobrem durante a infância.

Não raramente, no entanto, professores deixam para situações informais (família, rua, igreja etc.) o aprendizado significativo dos movimentos funcionais. Professores muito comumente esperam que de seu convívio familiar as crianças já venham com essa "bagagem corporal funcional" pelo menos "iniciada". Em outros casos, simplesmente entregam esses aprendizados para outros ambientes fora da escola.

O que caberia à escola nesse processo de aprendizado das funções do corpo em movimento? Será que à escola cabe somente "corrigir" o que não foi aprendido "corretamente" em casa, nas ruas, nas igrejas etc., como tão comumente vemos? Ou, ao contrário disso, à escola cabe ressignificar os movimentos funcionais?

As situações de interações nas escolas têm o potencial de trabalhar com as crianças esses mesmos movimentos funcionais de forma sensível, consciente, significativa. Na escola podemos construir sentidos que não sejam os meramente mecânicos e automatizados de sobrevivência em comunidade que comumente as crianças trazem de seu convívio fora da escola.

Comer, andar, fazer fila, descer escada, entrar e sair da sala etc. são compreendidos pelo senso comum como movimentos "dados", "simples", "óbvios" – e obrigatórios – a serem executados mecanicamente pelas crianças. O mesmo senso comum reza que não há outras formas de comer, andar, entrar e sair da sala de aula, ouvir uma história.

Para além disso, o senso comum reza que não é necessário encontrar essas outras formas de o corpo vivenciar os tempos e os espaços da escola, principalmente em situações que não estão diretamente relacionadas às áreas de conhecimento preestabelecidas como escolares (Ciências, Português, Matemática, Estudos Sociais).

Muito frequentemente, ouço de professores que ressignificar as funções do corpo em movimento na escola "é uma bobagem, o que é necessário é ordem e disciplina [dos corpos] para podermos aprender". Alguns professores se escondem por trás da questão da segurança para disciplinar os corpos das crianças – a fila rigorosa é necessária para que, por exemplo, "não caiam da escada", "não se machuquem". Vamos conversar mais sobre isso no decorrer deste capítulo.

A funcionalidade na dinâmica das interações

Raramente em escolas de Educação Infantil os movimentos funcionais são compreendidos, sentidos, percebidos. Raramente a "rotina corporal funcional" – comer, escovar os dentes, ir ao banheiro, andar pelos corredores, entrar e sair das salas de aula – tem proposta ou até mesmo propósito: não raramente professores atuam com seus alunos como se estivessem adestrando cachorrinhos e não educando corpos/pessoas. Ou seja, educando seres humanos. A exigência da formação de filas para entrar em sala de aula é um exemplo: essa é uma questão funcional de organização dos corpos que sempre merece ser repensada. Por que a escola usa tanto a fila?

À escola, lugar intencional para trabalhar processos de ensino e aprendizagem, cabe o papel de, primeiramente, conscientizar as crianças de seus movimentos corriqueiros, cotidianos, ou seja, funcionais. Podemos indagar, conversar, propor às crianças que se percebam corporalmente nas diferentes situações de "rotina corporal". Por exemplo: beber água requer o mesmo tipo de movimentação que descer a escada? O que é igual? O que é diferente em relação aos movimentos que o corpo faz? No primeiro, usamos somente as mãos, fazemos um gesto, *parte* do corpo "funciona". No segundo, o corpo todo é envolvido, o corpo *todo* "funciona".

Mas, para quê tudo isso se "queremos somente que as crianças escovem os dentes"? Para que as crianças comecem a compreender que seus corpos são elas mesmas, que os corpos não são instrumentos, peças, meios para executar rotinas mecânicas. Ao compreenderem que *são* seus corpos, esses corpos clamam por educação – e não adestramento – o tempo todo.

Se estamos realmente buscando o protagonismo infantil, não podemos compreender o movimento corporal mecanicamente, mesmo que seja em situações aparentemente "apenas" funcionais. Há formas de expressão e comunicação que estão diretamente e incontestavelmente conectadas ao corpo em movimento. Na verdade, "os aspectos funcionais e expressivos do movimento são intimamente relacionados. Sua integração em um contexto específico cria significados para o movimento" (Hackney, 2002, p. 40).

Mollie Davis (2003), professora e pesquisadora inglesa, afirma que "o movimento atua como um suporte para o sistema de signos de comunicação não verbal" (p. 129). Compreender o movimento dessa forma pressupõe uma mudança na maneira como propomos e trabalhamos com as rotinas corporais em situação escolar. O sentido último, ou a funcionalidade, pode ser funcional ou utilitário, mas toda e qualquer movimentação (ou não movimentação) do corpo pode propiciar significados – portanto, ser lida e ressignificada.

Para que os corpos e movimentos das crianças na escola não se automatizem, as atividades escolares podem propor que a funcionalidade do corpo seja compreendida em seus contextos socioafetivo-culturais. Em outras palavras, na escola podemos propor que a funcionalidade do corpo em movimento seja ressignificada. Por exemplo, as situações de fila. Mesmo sabendo que esta é uma questão polêmica e enraizada na alma de muitos professores de educação infantil, vou novamente arriscar uma discussão.

Em vez de colocar as crianças em fila aos gritos, impacientes e nervosas com a "desorganização" e/ou com a recusa corporal das crianças, em vez de ficarmos bravos com os "desagregados", podemos conversar com elas sobre a necessidade de uma fila nos diversos contextos sociais – no banco, no ponto de ônibus, no cinema, no bandejão. Enfim, por que a necessidade de formação de fila na escola? Em que momentos ela é realmente necessária? As necessidades de alinhamento na escola são as mesmas em relação a outros lugares em que se colocam em fila?

A fila é uma forma de organizar corpos no tempo/espaço. Se esses corpos estão todos os dias organizados na mesma hora, no mesmo espaço e do mesmo modo sem qualquer proposta e/ou problematização, estamos certamente colaborando para que os corpos das crianças se automatizem. Reparem que, na maioria das vezes, no fim do ano – ou nos agrupamentos com crianças mais velhas – não há nem necessidade de gritos, eles "já aprenderam"! Na verdade, na maioria das vezes, os corpos das crianças mais velhas já estão condicionados, automatizados, assim como o gado que entra no tronco para ser vacinado.

Podemos, ao contrário disso, relacionar corpos na fila à construção de novos espaços, de outros tempos, de outras "ordens" para que se cumpra o necessário, o funcional: entrar ou sair da sala, por exemplo. Por que não entrar brincando com os corpos das crianças? Jogando com os espaços, com objetos? Prestei assessoria de dança em uma Escola Municipal de Educação Infantil (EMEI) da cidade de São Paulo que aproveitava propostas de dança para que as crianças entrassem e saíssem da sala: utilizavam as paredes dos corredores para formar, perfurar e preencher tensões espaciais, relacionando-se alegremente entre si até chegarem ao pátio ou à sala de aula.

Construir diversas possibilidades de "fazer fila" (organizar os corpos em linha) com a mesma função é uma forma de não automatizarmos os corpos das crianças e de atribuirmos outros sentidos a ações funcionais necessárias à convivência e à organização das rotinas escolares.

A proposta de ressignificar a rotina corporal funcional em todas as suas instâncias com certeza levará mais tempo. Na escola que acabo de mencionar, "entrar na sala", dançando, leva muito mais tempo, claro. Vale perguntar: mas quem está "apressado" no cumprimento das rotinas escolares? Com certeza, isso não diz respeito às crianças: elas querem – e precisam – brincar, conviver, se divertir, experimentar e isso já é, em si, um enorme aprendizado. Afinal, é para isso que vão à escola!

Não podemos nunca nos esquecer de que é no período de educação na infância que nossos corpos – nós mesmos – mais aprendem a "ser", ou, ao contrário disso, a desaparecer... As rotinas sem sentido, a disciplina corporal arbitrária, os movimentos meramente funcionais e automatizados fazem com que corpos – portanto pessoas – desapareçam!

Funcional e expressivo[8]

No momento em que a rotina funcional é ressignificada, quer por rodas de conversa, quer por propostas lúdicas, é que nossos corpos começam a aprender outras possibilidades de ser, de conviver, de escolher – nossos corpos começam a compreender formas de expressividade, mesmo dentro da funcionalidade. Ou seja, não vamos deixar de escovar os dentes propriamente, de comer sem desperdício, de tirar uma soneca reconstituidora, de ir ao banheiro com um mínimo de higiene ou ainda de entrar e sair da sala de aula sem machucar os colegas. No entanto, podemos fazer tudo isso respeitando e, acima de tudo, incentivando e mobilizando as crianças para que aprendam a se expressar corporalmente.

Em outras palavras, quando somos capazes de ressignificar os movimentos funcionais conforme acabamos de conversar, quando entendemos como eles são processados no/pelo corpo, quando propomos outras formas de fazer as mesmas coisas, já estamos trabalhando os aspectos expressivos do corpo em movimento, mesmo que de forma ainda circunscrita a uma necessidade (matar a fome, a sede, o sono etc.).

De fato, todo movimento é – ou deveria ser – expressivo; o próprio movimento, em si mesmo, por si só, já é expressivo (Davies, 2003). As crianças pulam de *alegria*, batem os pés *de ódio*,

---

[8] Rudolf Laban, no início do século XX, enfatizou em seu trabalho a importância de conhecermos os movimentos funcionais e sua oposição complementar aos movimentos expressivos. Impregnado de teorias artísticas de sua época, Laban concebeu e definiu essas categorias. Mesmo que hoje os conceitos de "expressão" e "expressividade" em arte estejam sendo problematizados por muitos artistas e teóricos da arte, as ideias de Laban podem ainda nos ajudar a compreender a dança em situação escolar. O movimento expressivo será aqui tratado como o movimento cujo sentido se processa na possibilidade de produzir significados no fazer e também na fruição artísticas. Manteremos a distinção proposta por Laban por estarmos apenas introduzindo esse tema na literatura pedagógica de ensino de dança.

se seguram *reticentes*, se chacoalham de *excitação* (*ibid*). Funcionalidade e expressividade são, a rigor, inseparáveis.

Nossos corpos em movimento têm um grande potencial expressivo, criativo, comunicativo. Laban, grande estudioso do movimento humano, dizia que "o movimento não é somente um fato físico, [...] é também um fato de significação variada em suas sempre mutantes expressões" (Laban, 1978, p. 146). O autor (*ibid*) continua, afirmando que:

> o movimento [...] revela evidentemente muitas coisas diferentes. É o resultado, ou da busca de um objeto dotado de valor, ou de uma condição mental. Suas formas e ritmos mostram a atitude da pessoa que se move numa determinada situação. Pode tanto caracterizar um estado de espírito e uma reação, como atributos mais constantes da personalidade. (p. 20)

Para uma primeira conclusão, basta reiterarmos que o corpo em movimento não é um *veículo* de expressão, ele é a própria expressão de seres humanos que buscam e constroem sentidos o tempo todo. Como já vimos, somos nossos corpos e *neles* – e não com eles – nos expressamos.

Corpo e expressividade na dança

Podemos expandir esse conceito de expressividade e comunicabilidade intrínsecas ao movimento humano afirmado por Laban. No caso da escola, é seu papel social ir além da espontaneidade, da expressão intrínseca e/ou dita "inata" que o movimento é e proporciona. Podemos, em situações pedagógicas, estimular, propor e desenvolver situações em que os corpos das crianças não sejam entendidos e percebidos somente em seus aspectos funcionais (mesmo que expressivamente) e/ou autoexpressivos. Em situação escolar, podemos compreender os corpos em movimento de outras formas que não somente voltados para necessidades de *sobre-vivência* e/ou *com-vivência*.

Para ampliarmos e aprofundarmos as possibilidades de "expressividade funcional" e de "autoexpressão" é necessário que possibilitemos e motivemos as crianças a criar, inventar, descobrir, experimentar e experienciar outras formas de *estar no mundo com seus corpos*; é necessário que sintam no corpo o prazer dessa inserção e de diálogos transformadores – e não reprodutores – com o mundo. Uma das possibilidades para que isso aconteça é engajarmos as crianças em atividades de dança, de arte.

Sabemos que os elementos dos movimentos funcionais e dos movimentos expressivos são invariavelmente os mesmos (Laban, 1978). Para que as crianças possam experienciar e vivenciar seus corpos e movimentos de forma transformadora (quer em situação funcional ou dita expressiva), elas precisam *conhecer os sentidos dos movimentos*, só assim poderão realmente expressá-los (*ibid*). Laban dizia que é preciso uma atitude interna consciente para que possamos nos comunicar e nos expressar com nossos corpos em movimento. Trataremos disso no próximo capítulo.

Além de uma atitude interna caracterizada pelos impulsos de movimento colocada por Laban, vale a pena pensar também na atitude estética presente e necessária às proposições artísticas.

A atitude estética que a dança/arte propõe destitui o corpo em movimento de qualquer função ou propósito prático concreto, pragmático, funcional. Ou seja, não dançamos "para" nada: não dançamos "para" ficar mais calmos, "para" melhorar a coordenação motora, "para" relaxar, "para" compensar o corpo das atividades mais "sérias" (estudar Português ou Matemática, por exemplo) ou ainda, não dançamos "para" apaziguar a agressividade dos alunos.

A dança compreendida como arte tem *valor em si mesma*, não deveria "servir" a nenhum outro propósito. A dança/arte é em si expressão, participação e diálogo com o mundo sem que haja uma finalidade específica, um objetivo a ser alcançado no futuro; sem que devamos cumprir uma meta que não seja a própria fruição e experiência da arte. Mas então, para que dançar na escola, perguntariam os pragmáticos tecnicistas, os tarefeiros, os "funcionais".

Esta é uma pergunta que há tempos permeia a educação brasileira. Se, supostamente, a dança/arte não "serve" para "nada", para que incluir a arte/dança no currículo escolar? Esta também é uma pergunta que geralmente provém daqueles que aceitam passivamente o mundo como ele está: violento, injusto e feio.

Se não lograrmos sair dos finalismos, do pragmatismo, do tecnicismo, acredito, dificilmente seremos atores de transformação das dinâmicas sociais. Ao contrário, continuaremos reproduzindo o universo das relações tal qual ele se apresenta em nosso cotidiano. Com isso não quero dizer que não devemos ser "práticos" (dedicados ao fazer), que não devemos ensinar como o corpo em movimento funciona em nosso cotidiano. Com isso, não quero dizer que devemos "deixar rolar" as aulas de Arte sem orientação, planejamento, processos avaliativos. Muito pelo contrário. Quero dizer que a meta, o objetivo, o "resultado" não estão fora do próprio dançar, fruir dança.

Caso nossos corpos continuem sendo objetos de manipulação do sistema – via finalismos e funcionalidades desprovidas de expressão pessoal e coletiva –, caso nossos corpos em movimentos continuem afastados da possibilidade de uma expressão artística/estética, o mundo provavelmente continuará exatamente como está. É isso que desejamos? Estamos satisfeitos com os abusos de menores, com a proliferação das drogas, com a corrupção devastadora, com o desmatamento etc.?

Mas voltemos à dança na escola e à sua importância *em si* nos processos de ensino e aprendizagem das crianças pequenas. Conforme vimos, não dançamos "para", nós... *dançamos*. Nessa linha de raciocínio, também não deveríamos assistir a espetáculos de dança "para" nada a não ser para vivenciar e fruir o que a arte da dança e seus artistas têm a oferecer nela mesma.

De fato, para que possamos fruir arte, a atitude *estética* é necessária – uma atitude que proporciona outras formas de ver, escutar, se movimentar, atuar, ler. Ao incentivarmos o fazer, a fruição e o compartilhamento da arte pela importância que ela tem em si em nossos corpos e em nossas vidas, nada mais do que isso, já estaremos construindo atitudes corporais também diferentes e diferenciadas nas redes de relações cotidianas das crianças. Não dançamos "para" ler/estar o mundo, *dançando* nós podemos ler e estar no mundo (Marques, 2010).

A dança tem o potencial de abrir possibilidades de experiência corporal estética, e não somente "funcional expressiva". De fato, "a dança pode ser considerada como *a poesia das ações corporais no espaço*" (Laban, 1978, p. 52) – [grifo da autora]. Destituído de uma finalidade, de uma função pragmática, de um objetivo a ser atingido fora da própria dança, o corpo que dança encontra tempos e espaços para ser vivenciado em sua integridade de ser e de estar em tempos espaços presentificados. Ou seja, dançando e fruindo dança adentramos outro universo de experiências corporais, as artísticas e estéticas.

O filósofo e pesquisador Celso Favaretto (2010) propõe a arte "como agenciamento de sentidos irredutíveis ao conceitual, outro modo de experiência e do saber" (p. 233). Para o autor, a arte são "acontecimentos de linguagem, sensações, percepções e afetos que se fazem nas palavras, nas cores, nos sons, nas coisas, nos lugares e eventos articulados [...]" (*ibid*) e que

> funcionam como interruptores da percepção da sensibilidade, do entendimento; funcionam como um descaminho daquilo que é conhecido. Uma espécie de jogo com os acontecimentos, de táticas que exploram ocasiões em que o sentido emerge através de dicções e timbres nas formas não nos conteúdos, uma viagem pelo conhecimento e pela imaginação: são imagens que procuram captar o tipo de deslocamento da subjetividade promovido pelas obras da arte. (*ibid*, p. 232)

A dança em contexto escolar deveria possibilitar vivências desses acontecimentos artísticos e, sobretudo, a *compreensão* da própria arte – a compreensão corporal e intelectual[9] dos sen-

---

[9] Mesmo sabendo, como já vimos, que mente e corpo são um só, não se separam, conectados, "corponectivos" (Rengel, 2008), separo neste texto a compreensão corporal da intelectual por mera tradição, para que seja compreendida dentro de um referencial há séculos utilizado e introjetado pela maioria do professorado.

tidos construídos pelos artistas em suas escolhas de criação de objetos artísticos (no caso da dança de espetáculos, manifestações, performances).

Partindo desse olhar para a arte, os processos criativos pelos próprios alunos tornam-se vitais para que compreendam em seus corpos/mentes esses outros caminhos – os deslocamentos – para as leituras de mundo.

A dança, conforme já vimos, quando trabalhada como linguagem – e não como um conjunto de passos a serem ensaiados, repetidos, decorados mecanicamente e apresentados displicentemente – pode abrir caminhos para que cada criança seja protagonista em/de seu próprio corpo, de seus próprios movimentos, de sua própria dança, de sua própria vida, enfim. A dança, se compreendida como arte, linguagem e conhecimento tem o grande potencial de abrir canais para a expressividade da própria criança no universo da fruição e do fazer arte.

As vontades, quereres, desejos e sonhos das crianças podem e devem se expressar corporalmente na convivência dialógica consigo mesmas, com os outros e com o meio em que vivem. As atividades de dança podem ser uma forma de concretizar e corporificar essas potências de ideias, visões, sensações e percepções de mundo. Vale sempre lembrar que somos quem somos em relação ao mundo: é o universo das relações *entre* nós e o mundo (pessoas, meios, objetos) que nos constitui.

Por essa razão, não podemos confundir a expressividade que se realiza na potência da criação e da fruição da dança/arte com a *autoexpressão*: ou seja, com o puro extravasamento de sentimentos, com uma catarse pessoal. Propostas de dança na escola que se realizam como pura expressão de sentimentos pessoais (catarse) alinhariam novamente o ensino de dança ao espontaneísmo, à psicologização da arte, conceitos estes já exaustivamente discutidos e trabalhados pela literatura pedagógica.

A pesquisadora Ana Mae Barbosa há décadas debate esta questão afirmando que "se a arte não é tratada como conhecimento, mas como 'um grito da alma', não estamos fazendo nem educação cognitiva nem emocional" (Barbosa, 1992, p. 13).

Podemos entender essa colocação de Barbosa para o universo da dança na escola lembrando que, por exemplo, colocar uma música e "deixar as crianças dançarem à vontade", sem orientação, ou ainda sugerir que dancem "a alegria", "a tristeza", "o medo" que sentem, são formas de extravasamento emocional que nem sempre trabalham a compreensão de signos, a impregnação de sentidos, a incorporação da linguagem. Estas propostas "livres" e "espontâneas" podem ser também bastante arriscadas e comprometedoras do ponto de vista emocional e requerem preparo do professor para lidar com seus resultados.

Somente como adendo, pois não entrarei aqui nesta seara, muitas vezes, no intuito de que as crianças se "expressem livremente", encontramos em muitas escolas propostas de dança sem orientação alguma. Isso pode levar ao imobilismo das crianças, ao vazio do sentido (Dançar o que? Como?), à vergonha da exposição, à farra.

Por outro lado, se não há direcionamento, proposta ou proposição diante do "vamos dançar" da professora, há sempre a possibilidade de as crianças dançarem o que conhecem e reconhecem como dança: por exemplo, as danças adultas da mídia ou ainda, não dançarem. Tanto no imobilismo quanto na reprodução acrítica de danças a criança não é protagonista, é uma mera réplica de um mundo adulto bastante questionável.

Mas voltemos à questão da autoexpressão e da expressão artística/estética. Em meu primeiro livro (Marques, 1999), discuto a questão do "*auto* tudo" a que a dança para/com crianças foi lançada nas últimas décadas. A dança para crianças que abarca a concepção de expressão pessoal (também chamada de dança criativa, referência a modalidade que vem do inglês "*creative dance*") exorta

> a possibilidade de um *auto*desenvolvimento da criança: autoexpressão, autoconhecimento, autolibertação, autocontrole, autoeducação. [...] a educação centrada no aluno é o que mais caracteriza os princípios educacionais desta modalidade de dança (Marques, 1999, p. 83).

Acho interessante uma pequena pausa para compreendermos historicamente como propostas de dança para crianças que valorizavam a expressão tornam-se/tornaram-se autocentradas, e, portanto, com proposta e caráter artístico/estético bastante comprometidos.

Um pouco de história[10]

Rudolf Laban, na Inglaterra, e Margaret H'Doubler, nos Estados Unidos, foram, no início do século XX, as influências mais significativas na criação e difusão dos discursos e práticas da dança em âmbito internacional e que até os dias de hoje – resguardadas interpretações regionais – tratam de unificar o ensino de dança para crianças. Embora nunca tenham trabalhado juntos, as justificativas educacionais destes dois autores são bastante semelhantes no que diz respeito à filosofia e aos objetivos de propostas de dança no universo infantil.

Tanto o discurso educacional de H'Doubler quanto o de Laban estão profundamente enraizados na filosofia da dança moderna do início do século XX: os ideais de expressão interior e emoção humana são entendidos como os princípios edificantes da criação artística. Em seus respectivos países, o tom maior do movimento modernista foi uma busca da autonomia do sujeito criador. A arte da dança curvou-se sobre ela mesma, construiu-se a partir da imaginação, da individualidade, dos processos capazes de adentrar a alma humana e comunicar-se com o universo transcendente.

Vale a pena fazermos um paralelo com o campo das artes visuais: na mesma época, a novidade, a inovação, as formas próprias do ser humano foram buscadas pelos artistas modernistas das artes visuais nas tribos indígenas, nas classes populares e nas crianças, símbolos de inocência, de pureza e de expressão livre de códigos predeterminados.

Descomprometidas com as convenções, com a ordem social, com a intelectualidade e com as academias, as crianças eram vis-

---

[10] Trecho adaptado extraído do livro: Marques, Isabel. *Dançando na escola*. São Paulo: Cortez Editora, editado pela primeira vez em 2003, hoje em sua 6ª edição.

tas pelos artistas como "os detentores dos canais puros das forças primitivas de criatividade" (Wilson, 1990, p. 57). Recuperada pelos artistas, essa expressão supostamente ingênua da criança os ajudaria a expressar, em vez da aparência, a essência dos objetos. Consequentemente, "é o modernismo que detém a chave da ideia de que a criança poderia criar arte" (p. 53).

Embora não se tenham evidências de que os trabalhos artísticos quer de Laban ou de H'Doubler tenham sido inspirados e/ou baseados na dança *da* criança, no plano educacional essa concepção de arte aparece de maneira bem clara. Esses autores também acreditavam e defendiam a liberdade, a ingenuidade, a espontaneidade e sobretudo a naturalidade *a priori* contidas nas danças das crianças.

Para estes autores, a "expressão através da atividade corporal espontânea é tão natural na criança quanto respirar" (H'Doubler, 1977, p. x), ou seja, "a vontade *inata* da criança de fazer movimentos do tipo de dança é uma forma inconsciente de extroversão e exercício que a introduz ao mundo da fluência de movimento e fortifica suas faculdades *espontâneas* de expressão" (Laban, 1985, p. 12) – [grifo da autora].

Alimentados por estas ideias, o ensino de dança sugerido por Laban (1985) e por H'Doubler (1925, 1977) passaram a propor práticas pedagógicas que não "invadissem" a criança, ou que possibilitassem o desenvolvimento "natural" deste "artista que está dentro de cada um". A infância não poderia ser destruída, e, pelo contrário, deveria ser preservada, como discute o pesquisador canadense Donald Soucy (1991).

Diretamente influenciado pelas ideias de John Dewey, Laban, na Inglaterra, propõe um ensino de dança no qual as crianças pudessem por si próprias "aprender fazendo" seus movimentos e danças "livres, naturais e espontâneos". Laban

> implorou às autoridades que substituíssem a ginástica por uma abordagem mais *natural* do ritmo e da harmonia para atingir através da *exploração livre* do movimento uma con-

fiança crescente no uso do espaço e dos relacionamentos do espaço. (Hodgson e Preston-Dunlop, 1990, p. 48) – [grifo da autora].

Similarmente, H'Doubler (1977) acreditava que

> a inclusão da dança no programa de educação geral é uma maneira de dar *livre* oportunidade para todas as crianças *experimentarem* as contribuições que ela pode dar a sua personalidade em desenvolvimento e a sua crescente *natureza* artística (p. 59) – [grifo da autora].

Em outras palavras, em âmbito essencialmente pedagógico, o processo de ensino e aprendizagem passa a ser mais aprendizagem do que ensino. Ou, conforme aponta Dermeval Saviani (*in* Ferraz e Fusari, 1993) sobre essa tendência educacional, a pedagogia

> deslocou o eixo da questão pedagógica do intelecto para o *sentimento*; do aspecto lógico para o *psicológico*; dos conteúdos cognitivos para os *métodos ou processos pedagógicos*; do professor para o aluno; do esforço para o *interesse*; da disciplina para a *espontaneidade*; do diretivismo para o *não diretivismo*; da quantidade para a *qualidade*; de uma pedagogia de inspiração filosófica centrada na ciência da lógica para *uma pedagogia de inspiração experimental*, baseada, principalmente, nas contribuições da Biologia e da Psicologia. (p. 31) – grifo das autoras.

Este eixo pedagógico só veio a reforçar as ideias modernistas sobre a arte/dança da criança, tendo gerado e generalizado a crença no que hoje chamamos de "espontaneísmo", "dança livre", "dança criativa" no universo escolar. Ou seja, mesmo existindo o saber (ou os conteúdos) ele acaba sendo negado e suprimido por muitos professores em contexto escolar. A supressão do saber tem como propósito não interferir no processo de criação supostamente "natural" dos alunos.

Ou seja, aquilo que "estaria de fora", "além deles" (dos alunos) e que poderia estabelecer uma mediação na relação professor/aluno – o saber – acaba sendo excluído. Ao excluí-lo, funda-se a "expressão corporal", a "autoexpressão" – e as modalidades ditas criativas de dança –, que são raramente consideradas dança, mas simplesmente *meios* para educação.

Embora os discursos de Laban (1985) e de H'Doubler (1977) valorizem a "expressão individual natural inata da criança", os dois autores, que até hoje dão suporte teórico para elaboração de programas e projetos educativos em dança nas escolas do mundo todo, são bem explícitos no que diz respeito a estabelecer conteúdos a serem trabalhados com as crianças em aulas de dança. A meu ver, eles não defendem pura e simplesmente o "grito da alma" em sala de aula.

A "dança livre" almejada por Laban deve ser entendida como "uma técnica que é livre de modelos de estilos em particular, mas de maneira alguma caoticamente livre". (Ulmann, *in* Laban, 1985, p. 117). H'Doubler, por seu lado, enfatizou em seus livros que a expressividade e a naturalidade almejadas em trabalhos de dança com crianças não significa um movimento sem forma, mas sim movimentos não estilizados, modelados, impostos de fora para dentro.

H'Doubler (1925) enfatizava que o trabalho da criança não pode ser considerado arte somente porque é expressivo, fazendo uma diferenciação entre a arte de dançar e a arte da dança. A autora (1977) acreditava que

> "a dança na educação não existe somente para o prazer de dançar, mas através do esforço criativo em *dar forma estética à experiência* significativa espera-se que os alunos desenvolvam sua força criativa e, assim, melhorarem como *pessoas* – [grifo da autora]."

Poderíamos concluir que, influenciados direta ou indiretamente por Dewey, ambos os autores acreditavam, como Barbosa (1989) que "não há germinação espontânea na vida mental. Se ela [a criança] não receber a sugestão do professor, irá recebê-la de alguém ou de alguma coisa, em casa ou na rua, ou daquilo que algum colega mais vigoroso estiver fazendo" (p. 48).

Em conclusão genérica, vê-se que o conhecimento da linguagem da dança foi sempre fortemente enfatizado, tanto por Laban quanto por H'Doubler, nos processos de ensino e aprendizagem de uma dança "expressiva". Isso afasta, definitivamente, a autoexpressão como caminho, meta ou vivência corporal das propostas destes autores.

Os processos históricos de produção e crítica ao ensino de arte para crianças nos mostram hoje que o respeito e o incentivo ao repertório individual de movimento do aluno, assim como aos seus processos de criação, não podem excluir o conhecimento socialmente constituído e historicamente produzido dos processos de ensino e aprendizagem de dança nas escolas.

Expressão, arte e sociedade

Sem, absolutamente, negar o valor educacional da dança no que tange à formação pessoal das crianças (caráter, personalidade, comportamento etc.), resta-nos indagar e discutir se, na sociedade atual, objetivos educacionais somente centrados no aluno ainda são interessantes e significativos tanto para as crianças quanto para a sociedade em que vivemos.

A criação de danças pelas próprias crianças é sem dúvida uma forma de sentir, de dizer e de significar quem são. Obviamente, os sentimentos e emoções das crianças estarão sempre presentes na fruição, na experiência e em suas composições se assim for permitido e incentivado.

A construção da arte, no entanto, lida mais com as visões, sensações e percepções das *relações eu/mundo* do que com os sentimentos e emoções pessoais de cada um. No corpo, com o corpo e pelo corpo a criança pode construir suas próprias formas de dançar, construindo, assim, outros sentidos, outras formas de ser/estar no mundo. Ao darmos ênfase somente à autoexpressão, sem compreendermos a dimensão estética na/da arte, incidiremos novamente em propostas e proposições ingênuas (no sentido freiriano) de dança para crianças.

Susan Stinson (1995), educadora e pesquisadora na área de dança para crianças, afirma que "está claro que [...] a pedagogia da "dança criativa" [contribui] para manter não apenas o mundo da dança, mas o mundo geral tal qual são" (p. 87). Ou seja, a educação centrada somente na criança, as propostas de construção de sentidos eminentemente ligadas à autoexpressão, pouco conectam e/ou contribuem para que as relações criança/mundo sejam possíveis: são propostas que pouco contribuem para que qualquer tipo de transformação se realize.

A mesma autora (2010) propõe que o mundo, e isso inclui as aulas de dança, pode ser melhor do que realmente é. Não precisamos fazer as mesmas coisas que sempre são feitas, uma só pessoa pode fazer a diferença, completa. Stinson (*ibid*) ressalta que a transformação pode ser amedrontadora, especialmente quando temos certeza absoluta de que estamos corretos onde estamos, mas podemos também ser corajosos: como professores, precisamos nos manter flexíveis e, passo a passo, cruzar as fronteiras do desconhecido (*ibid*).

O universo da dança na escola, tal qual vimos discutindo neste livro, ainda é um grande desconhecido para a maioria dos professores de educação infantil; introduzir outros conceitos e ideias sobre a dança/corpo/mundo pode ser um pouco amedrontador. Muito do receio, do medo e da dúvida, creio, se estabelece pela falta de formação em dança da maioria dos professores de educação infantil: nossos cursos de Pedagogia ainda ignoram a arte – e, sobretudo, a dança – como integrante do currículo escolar.

A seguir, tento dar continuidade ao diálogo sobre ensino de dança, discutindo, propondo e levantando questões sobre propostas de dança na educação infantil. Obviamente este livro e estas pequenas dicas, exemplos e discussões não substituem uma formação contínua e presencial na área de dança – e nem tenho, absolutamente, essa pretensão. Mas espero que a discussão que se segue possa começar a iluminar alguns caminhos e a encorajar professores a realizar e/ou rever suas práticas de dança na escola.

> ## QUADRO SÍNTESE
>
> Vimos nesse capítulo que:
>
> - conceitos de dança constituídos socialmente influenciam substancialmente formas de ensinar dança. Por isso é interessante mapear conceitos de alunos e professores;
>
> - a dança é linguagem artística que tece relações de nexo (sentidos) entre intérprete, movimento e espaço cênico. A dança não pode ser definida somente como movimento, mas sim como uma rede de relações que inclui o movimento;
>
> - em processos de ensino e aprendizagem da dança na educação infantil devemos priorizar a educação de corpos cênicos que saibam brincar (criar vínculos). A dança não é brincadeira, pois tem também a função de tecer relações estéticas com o mundo, mas a brincadeira deve estar sempre presente nos processos de ensino e aprendizagem da dança na educação infantil;
>
> - repertórios de dança devem ser escolhidos com critério, ensinados com amplitude e lidos com clareza. Para isso é necessário que aprendamos os componentes da linguagem da dança. A dança não pode ser definida somente como repertório, pois ela é linguagem artística, ação sobre o mundo;
>
> - é importantíssimo que as crianças se divirtam nas aulas de dança, mas a dança não pode ser definida como divertimento, pois é área de conhecimento;
>
> - aprendemos a ler a dança dançando, olhando/apreciando, contextualizando e problematizando suas relações consigo mesma, com as pessoas e com a sociedade;

- a funcionalidade e a expressividade são diferentes aspectos do movimento identificados por Rudolf Laban e estão em constante fluxo nas possibilidades do ser humano;

- os signos da linguagem da dança podem ser aprendidos e incorporados de acordo com a funcionalidade e/ou a expressividade dos corpos;

- o que diferencia os aspectos funcionais e/ou expressivos do movimento são os diferentes sentidos atribuídos aos signos, componentes e campos de significação da linguagem da dança.

2 Dançar de várias formas: os componentes da linguagem nas dinâmicas das interações

Introdução

No capítulo anterior, conversamos sobre a importância de aprender dança como linguagem e conhecimento e não somente como repertório, como danças "prontas". Enfatizamos como o conhecimento da linguagem (seus campos de significação, componentes e signos) pode ressignificar o ensino e a aprendizagem desses repertórios e também propor processos de leitura e produção de danças em situação escolar.

Lembrando sempre que aprender os signos da linguagem da dança quer dizer antes de tudo *dançá-los*, ou seja, compreendê-los efetivamente no corpo – *incorporá-los* – vamos, neste capítulo estender um pouco a discussão sobre a linguagem da dança. Com isso, pretendemos relacionar o estudo da linguagem às inúmeras possibilidades de introduzir às crianças processos criativos na área de dança na escola.

Vamos agora introduzir alguns componentes da linguagem da dança interessantes e necessários para que a leitura e a produção em dança nas escolas possam realmente considerar as crianças como protagonistas dos processos de ensino e aprendizagem de dança. Enfatizaremos a formação de redes de relações como possibilidade de construção de sentidos nesses processos.

O conhecimento dos signos e as proposições artísticas

Vimos no capítulo anterior que o conhecimento dos componentes (signos) da linguagem da dança é extremamente necessário para que a dança na escola possa realmente dialogar com o fluxo contínuo entre os aspectos funcionais e expressivos do movimento.

Aprendemos também no primeiro capítulo que a linguagem é um sistema de signos que permite a produção de diferentes significados. Vimos que a linguagem, como um sistema de signos, é um conjunto de produção de sentidos que podem ser partilhados. Concluímos a discussão enfatizando que a dança como linguagem, quando trabalhada de forma lúdica, permite às crianças a descoberta de suas potencialidades de movimento, permitindo que se torne, também, protagonista de sua história.

Agora, vamos abordar os signos *em si*, seus conceitos e relações possíveis na educação de leitores e produtores de dança na Educação Infantil. Vamos conversar sobre processos de educação de crianças que tenham oportunidades de dialogar consigo mesmas, com os outros e com o meio em suas formas de ver, ser e estar no mundo.

Para começar, lembremos: para que as crianças tenham uma experiência corporal estética elas devem também ter a oportunidade de estabelecer *relações* entre quem, o quê, como e onde se dança (chamados de campos de significação da dança). O quadro síntese de todos os campos de significação da dança e alguns de seus desdobramentos está no primeiro capítulo deste livro.

Neste capítulo, enfatizaremos somente os processos de ensino e aprendizagem dos signos da linguagem da dança relativos às possibilidades e necessidades dos alunos de Educação Infantil (0 a 6 anos). Proponho que nesse período de escolarização seja trabalhado prioritariamente o campo de significação que diz respeito ao *movimento* – ou os signos da linguagem da dança que respondem à pergunta **o que se move**?

Esta ênfase se dá em função da importância do movimento na educação infantil, quer em seus aspectos funcionais e/ou expressivos. Isso não quer dizer que propomos que os outros campos de significação sejam esquecidos ou abandonados, fragmentando os processos de ensino e aprendizagem da linguagem da dança; propomos somente que joguemos mais luz sobre os signos que têm mais proximidade com o cotidiano das crianças. Poderemos, assim, promover conexões e redes de relações mais significativas entre a dança e as crianças pequenas.

Como vimos, os signos e componentes do campo de significação *movimento* são os mesmos em movimentos funcionais e/ou em movimentos expressivos. Ou seja, o "nível baixo do espaço" que construímos para pegar um sapato embaixo da cama (movimento funcional) é exatamente o mesmo que um dançarino enlaça para expressar, por exemplo, a dor da perda, caindo no chão. Em ambos os casos, o corpo agacha-se. Por essa razão, mesmo que a abordagem deste capítulo esteja focada na linguagem da dança em seus aspectos expressivos/estéticos, também traçaremos pontes entre a funcionalidade e a expressividade do movimento que engendram e formam o campo de significação *movimento*.

De fato, vimos que funcionalidade e expressividade estão absolutamente inter-relacionadas. O que muda nas duas situações (movimento funcionais e/ou expressivos) são as atribuições de sentidos aos signos dos movimentos. Os sentidos que atribuímos, por exemplo, a um movimento "leve", é diferente em situação cotidiana ou em situação cênica. No cotidiano, o peso leve pode ser lido como "um cuidado para não amassar o brinquedo de papel"; em uma cena de dança, a mesma qualidade de movimento (leve) pode estar expressando delicadeza, vaidade, feminilidade...

Mas antes de discutirmos a impregnação de sentidos e as redes de relações entre os signos que tecem a funcionalidade/expressividade dos movimentos, vamos aprender um pouco sobre os signos e componentes do movimento humano e discutir como podem ser apreendidos e ensinados em situação escolar.

Movimento e seus componentes

Buscaremos agora conversar sobre os componentes que articulam o campo de significação *movimento*, tratando de relacioná-los às experiências e possibilidades de ensino e aprendizagem nas escolas de educação infantil em seus aspectos artísticos.

O corpo em movimento/não movimento na dança/arte pode ser compreendido de inúmeras maneiras. Há diversos autores no mundo ocidental, a maioria deles fundamentados pelos estudos de Laban, que estudam com profundidade os componentes da linguagem da dança. Há, portanto, como em qualquer outra área de conhecimento, controvérsias, querelas, armistícios, tratados de paz passageiros e/ou universais em relação aos princípios que regem o movimento humano.

Para este livro, fiz uma reorganização de muitos autores que trabalham com o sistema da linguagem da dança no que tange aos conceitos inicialmente propostos por Laban. Fiz, portanto, um recorte pessoal que pontua o estudo, a compreensão e a percepção do campo de significação *movimento* tendo como foco propostas para Educação Infantil.

É importante lembrar que qualquer tentativa de reorganização e síntese do conhecimento é em geral recoberta de caráter subjetivo e que nem sempre as ênfases de um autor correspondem às prioridades de outro. Isto também acontece quando estamos desenhando uma proposta curricular, um projeto político pedagógico ou até mesmo um plano de aula. Escolhas devem ser feitas e elas nunca abarcam a totalidade.

Portanto, lembremos sempre que não é intenção deste livro abordar e discorrer sobre *todos* os campos de significação da linguagem da dança (movimento, intérprete, espaço cênico e suas relações) e tampouco fazer uma resenha de todos os autores que trataram desses temas. Tenho a intenção, isto sim, de fazer um recorte de autores e também de campos de significação: conforme já foi dito, aqui trabalharemos somente o *movimento* em aspectos (componentes) que considero interessantes e necessários para introduzir às crianças pequenas à linguagem da dança na escola.

Como já vimos, o movimento não *define* a dança, mas é um componente vital para que ela aconteça. Laban sugeriu em seu vasto trabalho que devemos aprender a *dominar o movimento* para que possamos expandir as possibilidades da experiência humana. Lembremos sempre que "dominar o movimento não é o mesmo que controlá-lo, restringi-lo, padronizá-lo" (Marques, 2010, p. 112). Dominar o movimento diz respeito a compreender suas possibilidades de forma conectada, consciente, internalizada – e também enraizada e em diálogo com as histórias e contextos em que vivemos.

Na Educação Infantil, aprender a dominar o movimento quer dizer aprender também a dominar aspectos da vida, das relações em sociedade que têm absoluta relevância nos processos de crescimento e desenvolvimento das crianças. Não podemos nos esquecer de que as crianças pequenas estão – e desejam estar – em movimento grande parte de seu tempo; não são as palavras, mas, sobretudo seus movimentos, que dão sentido a suas atividades, necessidades e desejos cotidianos de relações significativas.

O *movimento* humano se compõe de entrelaçamentos entre o *corpo* que se move no *espaço* com determinadas *qualidades* (dinâmicas). Corpo, espaço e dinâmicas são, desse modo, os componentes que articulam o campo *movimento* da linguagem da dança. Para estudarmos o campo *movimento*, portanto, devemos conhecer o *corpo* que dança (**o que** se move), o *espaço* que ele cria (**onde** se move) com diferentes *dinâmicas* de movimento (**como** se move). Esses componentes podem ser apresentados e trabalhados por etapas com as crianças, sem que sejam, no entanto, desconectados. É isso que veremos a seguir.

Considero que existem quatro chaves iniciais no campo *movimento* que podem iniciar o trabalho de dança com as crianças: o corpo como um todo e/ou em partes e o corpo em locomoção e/ou pausa. Em proposições de dança na escola, a intersecção dessas quatro chaves (todo/partes, locomoção/pausa) já apresenta, em si, uma vasta gama de possibilidades para processos criativos, interpretativos e também de apreciação de danças produzidas socialmente. Por exemplo, um corpo pode se locomover "por partes" ou "como um todo"; uma parte do corpo pode "pausar", enquanto as outras se movem e assim por diante.

Embora essas quatro chaves estejam absolutamente relacionadas e sejam polos iniciais de trabalho bastante amplos, no decorrer da escolarização da criança, é sempre interessante trabalhar mais detalhadamente com cada uma destas chaves, ou seja, conhecer suas ramificações, relações, detalhes, especificidades. O aprofundamento e o detalhamento dessas chaves vão depender, logicamente, de quanto tempo dedicamos às proposições específicas de dança no período escolar e da disponibilidade dos professores para aprendê-las e desenvolvê-las.

Mas como aprender e ensinar esses componentes? Que caminhos percorrer?

Traçando e percorrendo caminhos de ensino e aprendizagem

Trabalharei neste livro com a proposta metodológica da Dança no Contexto que tenho desenvolvido com mais consistência desde 1992. Essa proposta começou as ser cunhada quando vislumbrei processos de ensino e aprendizagem de dança que não estivessem desconectados das redes de relações sociais e das grandes transmutações nos conceitos de corpo, tempo e espaço das sociedades contemporâneas tecnológicas (*vide* também Marques, 1999, 2003, 2010 etc.).

Entendo uma proposta metodológica como caminhos, proposições, princípios e campos de conduta: são, sobretudo, *atitudes* diante dos processos de ensino e aprendizagem. O contrário disso são os métodos finalistas fechados, os pacotes prontos de atividades a serem reproduzidas por professores com seus alunos (e posteriormente avaliadas por especialistas externos). Portanto, não é um método e sim uma proposta metodológica que pretendo desenvolver neste livro.

Metodologias são definidas por conceitos, crenças, pontos de vista e ideias. No caso do ensino de dança, conceitos, crenças, pontos de vista a respeito do corpo, da dança, da educação, do mundo. Na proposta metodológica da Dança no Contexto, assumimos que "na contemporaneidade, os corpos – híbridos, múltiplos, transeuntes – em situação de ensino e aprendizagem de dança/arte aprendem e ensinam em diálogos críticos que pronunciam o mundo em constante e aberto movimento de transformação" (Marques, 2010, p. 194). Ou seja, acreditamos aqui em conceitos de corpos híbridos, sociais; de dança como arte; educação como processos de ensino e aprendizado dialógicos e críticos para a pronúncia de um mundo não estático, em transformação.

Essa proposta metodológica pressupõe que as relações entre dança, ensino e sociedade são vitais para que o ensino da dança não seja isolado dos contextos em que acontece. Acima de tudo, propõe caminhos inter-relacionados para que múltiplos sentidos sejam atribuídos aos componentes da linguagem. Com isso, pretende-se contribuir na educação de leitores e produtores de dança/arte que não estejam à parte das dinâmicas das interações sociais e para que possam ler/produzir arte impregnada de sentidos.

Proponho que qualquer trabalho relacionado ao ensino de dança nas escolas relacione quatro faces de uma quadra de princípios articuladores dos processos de ensino e aprendizagem da dança/arte – na ordem que parecer mais interessante ao professor. São elas: a problematização, a articulação, a crítica e a transformação.

As faces da problematização, da articulação, da crítica e da transformação *não* são etapas e/ou listas a serem "ticadas" em alguma ordem específica de realização. Ao contrário, as faces que proponho para articular o ensino de dança/arte são antes de tudo *atitudes* diante dos processos e "se ordenam e se encontram de forma não hierárquica, não linear, não finalista (...) elas [as faces articuladoras] propõem a construção de pontes para a compreensão, desconstrução e transformação entre a arte, o ensino e a sociedade" (Marques, 2010, p. 195).

A seguir, trabalharemos com três componentes da linguagem da dança que, entrelaçados, constituem o *movimento*: corpo, espaço e dinâmicas. Esses componentes em detalhe são as "ramificações" das quatro chaves de conhecimento da dança (corpo todo/partes/locomoção/pausa) anteriormente citadas. Para cada um dos componentes acima, proporei discussões, reflexões e uma rede de relações possíveis entre os componentes, a arte, o ensino e a sociedade.

No que tange ao ensino, não me privei de elencar alguns exemplos de proposições que conversem diretamente com as salas de aula de Educação Infantil. Espero que essas proposições sirvam de referências e, sobretudo, de concretudes para compreendermos juntos e continuarmos construindo a proposta metodológica da Dança no Contexto. Vamos começar pelo *corpo*.

Corpo: o que se move?

O componente *corpo* integra o campo de significação *movimento* e se abre para responder à pergunta: "o que se move" quando há movimento?

Antes de qualquer proposta ou conversa sobre o corpo como signo da linguagem da dança, não podemos nos esquecer de que o corpo constrói espaços, com determinadas dinâmicas e que estes três componentes estão sempre relacionados entre si quando há movimento. Ou seja, o corpo como componente da linguagem da dança não pode ser dançado isoladamente. Para efeitos didáticos, no entanto, esse capítulo dissociará cada componente do movimento (corpo, espaço e dinâmicas) para que possamos pontuar e discutir alguns conceitos e caminhos de ensino.

O corpo em movimento: introdução

Para começarmos o trabalho com o *corpo* em movimento na Educação Infantil, proponho que iniciemos de forma simples (o que não pode ser confundido com uma forma simplória, "boba"). Vamos começar compreendendo o corpo em movimento em quatro grandes grupos de saberes relacionados: o corpo como um *todo* e/ou como *partes*; *em locomoção* no espaço (deslocando-se) ou *em pausa* ("parados")

Como já mencionado, estas são, a meu ver, quatro grandes chaves para iniciarmos a compreensão do corpo na dança e do corpo que dança em tempos e espaços. Ao sermos capazes de sentir, perceber, visualizar, distinguir e compor com estes aspectos iniciais do corpo em movimento (todo/partes, locomoção/pausa), já teremos compreendido boa parte das possibilidades de processos criativos e interpretativos de dança – tanto as danças produzidas pelas crianças quanto as produzidas em sociedade.

A apreensão, compreensão e in*corpo*ração dessas quatro grandes chaves de possibilidades do corpo em movimento pelas crianças permitem também que o corpo seja percebido e vivenciado com outro tipo de consciência. Incorporar, apreender e compreender o corpo como fluxos constantes entre parte/todo/movimento/pausa abre possibilidades para que as crianças possam ouvir seus corpos, experimentar e fazer escolhas a respeito de *como* e *porque* desejam construir suas danças – e suas vidas.

Nos primeiros contatos com a linguagem da dança, proponho que as crianças possam dominar essas quatro chaves do movimento sem que seja necessária a discriminação detalhada de cada uma delas. Ou seja, nos anos iniciais, não devemos, necessariamente, ensinar todos os conceitos e ramificações da face do movimento (*vide* quadro síntese). O importante no início do processo de escolarização é que sintam, dominem, percebam, escolham e contextualizem as possibilidades do corpo todo/partes/locomoção/pausa nos diferentes tempos e espaços.

Para que saibamos se as crianças in*corpo*raram esses saberes, podemos nos perguntar: elas conseguem responder verbal e corporalmente às perguntas? estamos dançando com as "partes do corpo" e/ou com o "corpo todo"? Esse todo/partes estão em locomoção ou em pausa? O que é igual ou diferente em cada uma das possibilidades?

1. Dançar com o corpo todo, dançar com as partes do corpo

Comecemos com o corpo que se move "como um *todo*", conectado, interligado. De fato, o corpo, mesmo em movimentos em que partes estejam em evidência (um aceno com a mão, por exemplo), está sempre conectado, organizado como um *todo*: "há um inter-relacionamento de todas as partes do corpo em qualquer movimento. O corpo todo participa em qualquer movimento: partes diferentes ou servem como movedores ou como suportes" (Bartenieff, *in* Hackney, 2002, p. 40).

Por outro lado, há movimentos em que sentimos, vemos e usamos com mais refinamento algumas *partes* do corpo dissociadas do todo – movimentos em que as partes do corpo, mesmo que conectadas internamente, ficam mais evidentes, visíveis, perceptíveis. Um movimento que se inicia pelo cotovelo é exemplo disso. O corpo que se move "por partes" é levado pelas articulações, elas se tornam visíveis ao observador; os membros do corpo (braço, pernas, pés, mãos) são destacados, assim como qualquer movimento isolado de tronco (abaixar, por exemplo) ou cabeça (dizer um "não").

Didaticamente, para que as crianças conheçam o corpo que dança "por partes" elas devem se apropriar dos conceitos de articulações (coluna, coxofemoral, ombros, cotovelos, punhos, joelhos, tornozelos), membros (pernas, braços – pés, mãos, dedos, artelhos), tronco e cabeça. Lembrando sempre, claro, como essas partes se articulam em conexões com o corpo todo. Para estudarmos e reconhecermos o conceito de "corpo todo", além da percepção e incorporação das conexões corporais internas, o conceito de superfície (invólucro, pele) também é muito importante. A pele nos envolve "como um todo".

Esses desdobramentos (ramificações) conceituais do *corpo* em movimento pelo todo/por partes pode ser feito ao longo do processo escolar, com calma, contextualização, relação com as outras áreas de conhecimento. Discutiremos algumas formas e exemplos de como fazer isso no decorrer deste capítulo.

O importante agora é dizer que não é necessário atolar as crianças com listas de conceitos e conteúdos que se desdobram das chaves iniciais aqui propostas. Por exemplo: aprender já no primeiro contato com a dança todos os nomes das articulações. Não é necessário que as crianças decorem todos os nomes das articulações, mas sim que compreendam as "dobraduras" do corpo, apreendendo seus nomes ao longo do processo.

No início do processo de ensino de dança, o importante é que possamos brincar muito "com as partes do corpo" (sejam elas quais forem) e com o "corpo todo", compreendendo e incorporando desafios, possibilidades e relações do corpo nessas circunstâncias.

2. Dançando em locomoção, dançando em pausa

O corpo todo/em partes pode dançar em locomoção no espaço (indo de um ponto a outro, em deslocamento) ou então em pausa, como uma estátua. Para a criança pequena, compreender o fluxo de movimento no espaço e a restrição desse fluxo (na pausa) pode ser um gostoso desafio. Podemos nos deslocar de diversas maneiras e também parar de muitos jeitos diferentes. Descobrir, dominar, identificar e criar essas maneiras de deslocar e de pausar pode ser bem divertido e interessante para as crianças pequenas.

Após perceberem, sentirem, compreenderem os princípios do corpo em locomoção/pausa, podemos trabalhar com algumas codificações do corpo em locomoção: o corpo pode saltar, cair, recolher, expandir, transferir peso, girar, inclinar, torcer, gesticular e se deslocar. Estas são as *ações corporais* do corpo no espaço que devem ser pelo menos introduzidas às crianças no período de 0 a 6 anos.

Quando o corpo pausa, conforme já vimos no primeiro capítulo, ele também está dançando. Há várias possibilidades e formas de o corpo pausar construindo espaços, mas cinco delas foram decodificadas como as "básicas": forma de parafuso (torcida), parede (achatada), agulha (alongada), bola (esférica) e piramidal. Seria interessante que, até o fim do processo de escolarização da Educação Infantil, os alunos tenham sido pelo menos apresentados a essas possibilidades. No entanto, nos anos iniciais, compreender como, quando, porque o corpo pausa e se locomove em seus diversos contextos e sentidos, já é, em si, um grande desafio.

O corpo em movimento: percorrendo caminhos

Problematizando o corpo: perguntar, indagar, remexer

Já conversamos bastante sobre o corpo que dança e o corpo na dança no decorrer deste livro. Falamos sobre sentidos, condicionamentos, funcionalidades, relações que abarcam diálogos entre corpos pessoais/sociais. Neste capítulo, enfatizaremos o conhecimento do corpo como signo da linguagem da dança.

Proponho que nos anos iniciais de escolarização comecemos enfocando a organização, a sensação/percepção e a visualidade do corpo (o que o corpo compartilha visualmente com os outros). A capacidade de distinguir – e de relacionar – aquilo que sinto (sensação/percepção) daquilo que vejo (visualidade) em relação ao corpo é muito importante para a in*corpo*ração da dança como arte. Quantas vezes não estamos nos sentido "leves" e, ao olharmos no espelho, vemos um corpo "pesado"? Outro exemplo típico é o da bailarina clássica: visualmente ela é leve, levíssima. Nem sempre, no entanto, é isso que ela está sentindo e percebendo em seus músculos.

Esta é uma grande questão que devemos nos fazer como professores quando atrelamos o aprendizado da dança somente à visualidade do corpo no espelho. Ver o corpo que dança através do espelho muitas vezes impede os alunos que sintam, percebam, escutem seus próprios corpos. E bem sabemos que um dançarino/cidadão que não é capaz de sentir e perceber seu corpo fica à mercê das ordens e dos comandos externos. Mas o oposto também acontece: sabemos que aquele que somente escuta a si mesmo (e não se preocupa com o que está visualmente compartilhando com o *outro*) pode se tornar um dançarino/cidadão egoísta e egocêntrico.

Em situação escolar, os alunos podem aprender a distinguir e a trabalhar com as relações entre sentir e mostrar, perceber e compartilhar, escutar e ver. É por isso, por exemplo, que ficar martelando conceitos sobre o corpo com crianças em exercícios áridos e desprovidos de sentido (do tipo "toque a cabeça, gire a cabeça para a direita, agora para a esquerda") não leva à construção do "corpo cidadão" nas tessituras da dança/mundo (*vide* Marques, 2010, 2011) – dessa forma, provavelmente o aluno não será capaz de relacionar a sensação à exposição, a percepção ao compartilhamento, a escuta à visualidade.

Para que isso aconteça, é necessário que toda proposição relacionada à dança, principalmente em situações em que o *corpo* é foco de ensino e aprendizagem, inclua também momentos de problematização e contextualização daquilo que está sendo proposto como campo de conhecimento. Essa problematização, a meu ver, deve estar articulada aos processos criativos e interpretativos da dança e, sobretudo, ao Projeto Político Pedagógico da escola como um todo.

Vale lembrar mais uma vez que problematizar não é "criar problemas". Ao contrário disso, a problematização é "uma possibilidade de "passarmos um arado" em nossas ideias e formas de dançar e de ensinar para "arejar", criar espaços livres que permitam a construção de novos/outros conhecimentos" (Marques, 2010, p. 195). Problematizar em seu sentido educacional é o mesmo que indagar, propor, questionar, perguntar, para que ampliemos e aprofundemos nossas leituras da dança/mundo (*ibid*).

- Corpo todo/em partes

A título de exemplo de problematização, para trabalharmos o componente *corpo* em sua organização partes/todo, podemos iniciar o processo com as crianças perguntando quando sentem/percebem seus corpos "inteiros", de uma vez só, conectados: um mergulho na piscina, submergir o corpo na banheira, sair correndo pelo parque, pular corda são, para a maioria, formas de vivenciar nos cotidianos "o corpo como um todo". Ao contrário disso, podemos lembrar com elas que escovar os dentes, limpar a unha, escrever, acenar a cabeça, coçar o cotovelo são maneiras de percebermos "partes do corpo".

Para começar, podemos também voltar nossos olhares para os corpos em movimento que nos rodeiam: ver imagens de corpos em revistas selecionadas, assistir a espetáculos de dança, observar outras crianças no parque, manusear brinquedos com formas humanas. A partir desses olhares, toques, manipulações, é possível identificar corpos que se movem em/por/com partes, como os bonecos articulados, por exemplo. Podemos também encontrar ou construir bonecos diferentes dos articulados, com corpos que se movem como um todo, como bonecos de pano.

Na área específica da produção social da dança, seria interessante verificar com as crianças se conhecem, por exemplo, a dança "*break*", que divide o corpo em muitas partes. Caso não conheçam, sempre é possível arrumar modos de apresentar essas imagens às crianças perguntando: que outras danças eles conhecem em que partes do corpo ficam evidenciadas? Na grande roda da Quadrilha, por exemplo, quando "homens coroam as mulheres" damos ênfase aos braços; as danças da mídia dão grande ênfase, obviamente, aos quadris (articulação coxofemoral) e assim por diante.

O mesmo pode ser proposto em relação a danças que "agrupam" as partes do corpo, que compartilham com o público corpos "inteiros", que são visualmente conectados. As danças escocesas e algumas danças indígenas brasileiras dão ênfase, compartilham visualmente o corpo como um "todo".

A problematização que se dá voltando olhares e perguntas para "outros corpos" que estão no mundo leva as crianças a olharem e perceberem seus próprios corpos, a descobrirem as diferenças e semelhanças entre seus corpos e aqueles que observam, manipulam, apreciam. Desenhar as silhuetas das crianças em grandes papéis, ou no chão, para que percebam seus corpos "todos" e em seguida pedir que detalhem suas partes articuladas (desenhar os cotovelos, os joelhos, os punhos) é sempre interessante como uma forma de fazer com que as crianças voltem seus olhares para si mesmas: em partes e como um todo.

- Corpo em locomoção, corpo em pausa

O senso comum faz perpetuar a ideia de que dança é movimento, é mexer-se o tempo todo. Já vimos no capítulo anterior que isso não é verdade e que movimentos históricos de artistas da dança fizeram com que este conceito de dança fosse radicalmente modificado e ampliado. Nossos corpos, no fluxo entre partes e todo, pode estar ou não em movimento aparente, ou seja, em locomoção pelo espaço em movimentos que sejam tradicionalmente reconhecíveis como dança.

Descobrir essas possibilidades do corpo (locomoção/pausa) com as crianças é um trabalho riquíssimo nas dinâmicas das interações nas escolas de educação infantil. A primeira descoberta é a de que parados, ou seja, em *pausa*, também estamos construindo sentidos, dançando (aos olhos dos outros, claro, pois nossos corpos, na verdade, nunca param, pois estamos vivos!). Essa informação vai de encontro ao senso comum e, provavelmente, às fontes de dança que as crianças conhecem. Por isso, merecem ser trabalhadas e problematizadas.

Uma primeira problematização importante com as crianças está justamente em conseguirmos diferenciar sentidos nessas duas possibilidades de movimentos. Quando paramos no dia a dia? Quando nos deslocamos no nosso cotidiano? Em geral, paramos (ou quase paramos) nas filas, em frente à TV, ao assistir um espetáculo de arte, ao dormir. O mais interessante é perceber que as ações corporais (pausa) são as mesmas em todos esses contextos, mas ganham diferentes sentidos de acordo com as situações. Na dança também é assim. Na verdade, todas as pausas descritas acima também se compõem com deslocamentos: a fila também anda, mudamos de lugar quando estamos diante da TV, viramos na cama ao dormir.

Há muitas brincadeiras infantis que solicitam dos corpos de quem brinca essas duas atitudes (ações corporais): brincar de estátua, de esconde-esconde, de duro ou mole pode ser um bom princípio para que as crianças comecem a perceber seus corpos em movimento e em pausa e, principalmente, para que comecem a compreender o que as fazem correr ou parar. Que motivações corporais (cansaço, excesso de energia) e sociais (fugir do pegador, não ser visto) têm para alternar entre essas duas ações corporais?

Vamos lembrar que a problematização não precisa ser sempre verbal, ou seja, uma conversa (Marques, 2010). Podemos – e devemos – também problematizar no corpo, fazendo, criando, interpretando danças. Após e/ou antes das brincadeiras que têm como foco locomoção e pausa, podemos perguntar às crianças o que acontece com seus corpos quando correm e quando param: como fica a respiração? Como fica o batimento cardíaco? Assim, poderão sentir, perceber, escutar e também ver, comentar, compartilhar suas experiências corporais, problematizando-as.

Para arrematar ou iniciar esta problematização sobre pausa/locomoção é sempre muito interessante perguntar, averiguar e investigar as danças que as crianças dançam e conhecem: há pausa nessas danças? Mostrar vídeos de produções artísticas que trabalham com pausas e deslocamentos pode abrir muitas portas para que as crianças comecem a reconhecer e a dançar as pausas como possibilidades de movimento e construção de múltiplos sentidos.

- As formas corporais

Para aprofundarmos um pouco mais a compreensão das pausas de movimento presentes em diferentes brincadeiras, cotidianos e produções artísticas e, assim, enriquecer as próprias composições das crianças, é bom conversarmos com os alunos que as pausas longas ou curtas dos corpos que dançam são chamadas de *formas corporais*.

Temos cinco formas corporais decodificadas:

- forma de parafuso (torcidas)
- forma de agulha (alongadas e esticadas)
- forma de bola (esféricas)
- forma de parede (achatadas e esticadas)
- forma de pirâmide

Sempre é bom lembrar que essas formas decodificadas pela linguagem da dança não dizem respeito às formas dos corpos das pessoas em si. O conceito de forma corporal diz respeito a formas feitas, elaboradas, construídas pelos corpos. Assim, uma pessoa gorda não é uma "bola"... qualquer corpo que dança pode, no entanto, entrar/fazer a forma da bola e assim por diante.

Mas podemos olhar e observar outras formas no mundo que não sejam somente as formas feitas por nossos corpos. Podemos trazer para as salas de aula outras formas, compreendê-las e modificá-las em nossos corpos. Olhar a cidade, a escola, nossas casas. Grandes metrópoles, por exemplo, crescem em forma de agulha com seus altos prédios. Por que será? Em todos os lugares da cidade é assim? Em todas as cidades é assim? Onde é diferente? Onde é igual? Observar moradias de vários povos faz com que as formas estudadas no corpo nas aulas de dança ampliem seu significado. Por exemplo, as ocas indígenas não são como os espigões das grandes cidades, são ovais, em forma de bola.

Outro exemplo de observação e problematização: verifique se os alunos já repararam que há vidros de toda sorte – esféricos como os aquários, alongados como tubos de ensaio, achatados como caixinhas de CD, torcidos como escadas em caracol e assim por diante. Qual a função de cada um deles? Em grandes padarias, há pães de todas as formas: bolas, achatados, agulhados, torcidos. Por que será que padeiros fazem isso?

Vidros com diferentes formas
Fonte: Arquivo pessoal da autora

Procurar pela escola objetos com todas as formas decodificadas pela linguagem da dança também é uma maneira de começar uma investigação sobre as formas em si, perguntando e questionando se poderiam ser diferentes. Uma "bola quadrada" é um cubo, tem outras funções... Como seria uma porta esférica em vez de uma porta achatada? O que isso provocaria nas pessoas?

Podemos também fazer o caminho de observação e problematização de nossos corpos no dia a dia: que formas corporais nossos corpos tomam no cotidiano? Pergunte às crianças e verá que existem infinitas respostas. Neste momento de problematização, seria interessante acrescentar também a pergunta por quê? Quando? Com quem? Exemplo: Por que no inverno, quando faz frio, é comum dormirmos em forma de bola? Dormimos nessa forma também em dias quentes? Ou fazemos esta posição também quando estamos com dor de barriga? Estas (re)descobertas sobre o corpo em pausa podem ser eixos de estudo para composições de dança que ressignificam os cotidianos das crianças.

O importante nos processos de problematização é lembrar que todas as formas observadas podem ser realizadas no corpo, e, assim, ressignificadas. Todas as formas observadas, tocadas, "conversadas" podem se transformar em dança.

Corpo em forma de bola
Fonte: Arquivo pessoal da autora

- As ações corporais

Partes e todo de um corpo, conectados, também podem construir sentidos em locomoção, ou seja, em deslocamento, ao sair do lugar de um ponto a outro: estas possibilidades são chamadas de *ações corporais*. Afora a ação corporal já aqui trabalhada, que é a pausa (não movimento), existem mais dez ações decodificadas por diferentes autores:

- saltar (sair do chão)
- cair (ceder à força da gravidade)
- expandir (abrir o corpo)
- contrair (fechar o corpo ou partes do corpo)
- transferir peso (de um pé ao outro, dos pés para cabeça numa parada de mão etc.)
- gesticular (isolar um movimento)
- girar (também rolar, virar)
- inclinar (sair do eixo)
- deslocar (ir de um ponto a outro)
- torcer

Essas *ações corporais* estão sempre presentes em nosso cotidiano. Seria interessante, além de identificá-las (por exemplo, escovar dentes é um gesto, trocar uma lâmpada alta requer uma expansão do tronco), também problematizá-las. Podemos perguntar por que, quem, quando, em que contextos, por exemplo, precisamos correr, saltar, gesticular. O ato de cozinhar requer mais gestos do que o de arrumar uma cama, por exemplo, que trabalha mais, em geral, com a expansão do corpo. E se fosse diferente? Onde é diferente?

Conversar sobre as ações corporais que as crianças fazem em casa, as que seus pais, irmãos ou parentes fazem e depois listá-las na lousa pode ser um bom começo para que o cotidiano vire dança, para que ele seja ressignificado.

Articulando o corpo em movimento: conectar, tecer redes

- Relações corpo/dança-arte

a) Dançando com as partes e o todo

Levar as crianças a realizar que partes e todo do corpo podem dançar, ou seja, podem gerar danças, é uma etapa importante e relevante no processo inicial de ensino e aprendizagem sobre o corpo que dança e sobre o corpo na dança.

As crianças, tendo conversado, observado, relacionado, visto e manipulado "outros corpos" (como vimos na "problematização") podem também dançar brincando com seus próprios corpos: em/por/com partes (descobrir e experienciar as articulações, cabeça, tronco e membros), com o corpo todo (perceber a conexão central, as superfícies), com o corpo em partes/todo ao mesmo tempo. Com isso, espera-se, as crianças poderão compreender também possibilidades de criação e de jogo com seus próprios corpos dançantes e farão conexões imediatas com seus corpos em outras situações sociais.

Nos processos criativos, objetos intermediários são sempre bem interessantes para que o fluxo entre o todo/partes do corpo em movimento possa ser percebido e in*corpo*rado pelas crianças de forma lúdica, processual, crítica e dialógica. Panos, bexigas, cordões, elásticos, cadeiras, caixas, tapetes, almofadas são de grande utilidade na intermediação de proposições de dança. Vamos a uma possibilidade?

A dança com bexigas pode ser bem frutífera para que as crianças (re)conheçam e in*corpo*rem os componentes da linguagem corpo partes/todo: com bexigas cheias, pode-se propor às crianças que as toquem, jogando para cima e para os lados, somente com as articulações (cotovelos, punhos, joelhos, ombros...). Assim, poderão ter uma maior percepção do corpo em partes e criar danças *com* as partes do corpo; poderão transformar as possibilidades do corpo que dança no tempo e no espaço.

Com a mesma bexiga, podemos propor que a arrastem/passem pelo corpo todo, sem tocá-la com as mãos, somente usando e percebendo a pele, o contato do braço com a barriga intermediado pela bexiga; com as costas, o contato da bola entre duas pernas. Aqui, é interessante enfatizar que a bexiga pode e deve percorrer o corpo todo, toda superfície (invólucro, pele), como se estivéssemos passando confeito de brigadeiro em todo corpo.

Uma segunda etapa dessa proposta é dançá-la em duplas, seguindo as mesmas etapas: primeiro com as articulações, mas jogando e recebendo a bexiga do colega. As crianças podem começar a fazer escolhas: com que articulação vou pegar a bexiga? Vou passá-la para o colega pelo cotovelo ou pelo joelho?

Para trabalhar/perceber/dançar o *corpo* todo, a bexiga deve ficar entre as duas crianças. O desafio em ambas as propostas é não deixar a bexiga cair, estourar, ou ainda, não deixar que a bexiga domine a dança: ao contrário, os corpos dançantes devem dominar – no sentido aqui trabalhado – a bexiga, ou qualquer objeto intermediário.

Dança com bexigas
Fonte: Arquivo pessoal da autora

Uma terceira etapa dessa proposição é retirar o objeto intermediário e propor aos alunos que continuem dançando com/pelas articulações. As crianças poderão, assim, fazer outras escolhas, descobrir novas possibilidades no tempo e no espaço proposto pelas articulações. Enfim, poderão construir outras danças, tornando-se protagonistas de seus processos de aprendizagem.

A dança brincada com a bexiga pode ser complementada voltando-se (ou iniciando) às imagens de corpos, aos vídeos, aos movimentos e brincadeiras observados no início do processo de problematização sobre o todo e as partes do corpo. Após a vivência, aquilo que foi/é visto será certamente ressignificado, outras observações surgirão, outras relações serão propostas.

Vale aqui observar que os objetos intermediários são excelentes em propostas de ensino e aprendizagem de qualquer componente da dança na Educação Infantil, basta saber escolhê-los e introduzi-los. Talvez, em alguns casos, como na proposição que acabamos de discutir, as bexigas devam ser manuseadas "à vontade" pelas crianças antes de estabelecer alguma orientação relacionada à dança em si: muitas vezes a ansiedade, os desejos pessoais de manipulação, as expectativas internas e as experiências anteriores com bexigas/objetos não permitirão que as crianças se concentrem em uma proposta diferente relacionada ao mesmo objeto.

b) Dançando em locomoção e pausa, com formas corporais

Em nossas propostas de compreensão e incorporação da linguagem da dança com crianças, não podemos nos esquecer de conectar o componente *formas corporais* aos anteriores (partes/todo): podemos fazer formas com partes ou com o corpo todo. Cada possibilidade é uma escolha e ao mesmo tempo uma construção na vasta gama da dança.

A título de exemplo, podemos sugerir aos alunos que, após perceberem em seus corpos diferentes possibilidades de locomoção e pausa articulados pelas investigações já feitas em sala de aula (com as brincadeiras, as observações da cidade, de seus cotidianos, formas de objetos) assistam a um espetáculo de dança em DVD que trabalhe com essas mesmas formas, mas em uma construção artística. A companhia de dança *Pilobolus*, dos Estados Unidos, por exemplo, tem seu trabalho voltado para a construção de formas corporais, vale a pena verificar.

Pilobolus é uma companhia de dança norte-americana fundada em 1971 por estudantes de Educação Física do Dartmouth

College. Na época de sua fundação, a presença maciça de homens intérpretes e o uso da força física impactou o mundo da dança. Seus espetáculos são caracterizados pela interação entre os intérpretes na construção de formas que desafiam a anatomia humana.

Performance do grupo Pilobus
Fonte: www.pilobus.com

A comparação entre cotidiano e produções artísticas sociais enriquece a percepção e agrega sentido às vivências das crianças. A partir da locomoção e das pausas apreciadas em vídeos, os alunos podem (re)fazer suas próprias composições, alternando pausa, locomoção, formas. Trabalhar em duplas ou trios é sempre instigante nesse processo de composição.

c) Dançando com as ações corporais

As *ações corporais* cotidianas também podem "virar dança", virar arte. A listagem feita na lousa das ações corporais observadas pelos alunos em casa (*vide* item anterior), por exemplo, pode servir de início para o processo criativo. Nesse processo de criação, estaremos atribuindo outros sentidos às mesmas ações corporais listadas e, portanto, percebendo tanto aspectos funcionais quanto expressivos do movimento.

As crianças podem, após discutir a lista de *ações corporais* elaborada pela turma, experimentar corporalmente as ações levantadas, mesmo que inicialmente em forma de mímica. Em seguida, podemos sugerir que recriem as ações observadas no cotidiano: passar a ferro é um *gesto* com as mãos, que outros gestos os alunos conhecem? Eles podem, inclusive, *inventar* outros gestos com a mesma parte do corpo. Colocar todas essas ações revisitadas e reinventadas em uma sequência pode virar uma dança bem legal!

Do mesmo modo, as ações observadas/listadas podem ser experimentadas e recriadas em duplas, trios, grupos maiores: girar sozinho, girar tocando o colega (dando as mãos, por exemplo), girar com todo o grupo. O mesmo pode ser feito com outras ações corporais – deslocar, expandir, saltar...

• Relações corpo/outras áreas de conhecimento

Como extensão em rede das propostas de transformação do cotidiano em dança, podemos trabalhar em sala de aula outras áreas do conhecimento integradas ao fazer/fruir artístico. Essas possibilidades são infinitas, e, claro, devem estar atreladas ao Projeto Político Pedagógico de cada escola, ao planejamento de cada professor. Quero conversar agora sobre o "corpo biológico" que integra e transforma a dança como exemplo da expansão em rede de conhecimentos que podem articular a dança/arte com outras áreas de conhecimento.

A compreensão da figura humana – ossos, musculatura, pele etc. – é, sob um olhar criterioso, um conhecimento "à parte" da dança, ou seja, não diz respeito à *arte em si*, mas, ao mesmo tempo, está intimamente relacionada ao dançar. No momento de abordar o componente *corpo* como signo da linguagem da dança, é extremamente importante que as crianças conheçam suas estruturas, seu funcionamento, seus corpos de carne e osso. O mais importante, no entanto, para o ensino de dança, é que se tracem interfaces entre conhecimentos e não que uma área de conhecimento sirva à outra. Isso é bem instigante para as crianças que estão compreendendo e in*corpo*rando *corpo* como signo da linguagem da dança.

Podemos reservar um tempo de aula para conversar sobre o corpo humano: visualizá-lo em cartazes, um esqueleto em tamanho real, tocar, mexer nas próprias articulações ou dos colegas – reconhecer semelhanças, diferenças, peculiaridades entre o estrutural (comum a todos) e o "real" (peculiar de cada um).

Sugiro que o percurso de visualização do corpo humano do ponto de vista das ciências também seja abordado do ponto de vista da linguagem da dança, ou seja, que a figura do corpo humano seja observada do ponto de vista das relações todo/partes. Isso pode possibilitar outra forma de estabelecer relações e de compreender os fluxos todo/partes que se realiza em nossos corpos, dançantes ou não.

Antes ou depois de qualquer proposta de efetivamente *dançar*, sempre acho interessante que os signos (neste caso as articulações) sejam "explicados": por exemplo, o que são articulações? Para que servem? Todos têm articulações? Considero importante que as articulações sejam nomeadas, tocadas (massagem pessoal, toque do outro, da professora, por exemplo), sentidas, para que possam ser também dançadas. Essa é uma interface interessante da dança com as ciências. No entanto, como já vimos, o objetivo dessa proposição não é que decorem nomes aleatoriamente, mas que ressignifiquem as partes do corpo e suas relações com o todo.

Nesse momento de diálogo entre diferentes áreas de conhecimento, integraremos a funcionalidade do corpo (por exemplo, as articulações servem para que possamos nos mover com qualidade) às suas possibilidades de expressão estética. Fica a cargo de cada professor, logicamente, escolher qual o melhor momento para conversar, mostrar, nomear, tocar, perceber "as partes do corpo que podem dançar, criar danças". Fica também a critério do professor escolher em que momento os processos criativos e interpretativos da dança podem ser introduzidos nas redes de seu projeto.

Sempre acho importante que a linguagem da dança seja relacionada a *outras linguagens artísticas* do ponto de vista dos componentes da linguagem da dança. Obviamente isso também pode ser feito do ponto de vista da linguagem da música, mas este livro não é sobre o ensino de música.

As artes visuais oferecem um riquíssimo potencial de observação, de recriação em dança ao estudarmos na área de dança o *corpo* em partes/todo, por exemplo. Por que não selecionar diversas pinturas de artistas conhecidos em que o corpo humano é retratado? Picasso costuma "fragmentar" os corpos, já Matisse pinta muitos "corpos inteiros". Não raramente, Salvador Dali desconfigura corpos em sua totalidade. Magritte, em muitas de suas pinturas, pinta somente "partes do corpo".

Aqui, embora estejamos trabalhando com a face "articulação" da proposta metodológica da Dança no Contexto, podemos continuar também a problematização já iniciada indagando aos alunos: por que será que esses pintores (Picasso, Magritte, Dali, Matisse) têm visões e expressões tão diferentes do corpo humano? Conversar sobre movimentos históricos de arte, geografias, tempos só enriquecerá o trabalho pedagógico na Educação Infantil.

As artes visuais podem também ser uma referência bem significativa para trabalhar as *formas corporais*: estátuas, esculturas, monumentos são grandes exemplos de corpos (no sentido amplo) tridimensionais em pausa que expressam e articulam vários sentidos. A apreciação de esculturas do ponto de vista dos referenciais da linguagem da dança (parafuso, bola, parede etc.) pode ajudar as crianças a recriarem em seus corpos estas mesmas formas: sozinhos, em duplas, em trios, por exemplo. Essa proposta, além de traçar redes com outra linguagem artística, possibilita também que o processo de criação não seja sempre individual, sozinho.

As relações das *formas corporais* com os saberes da Matemática são quase que inerentes. Mas lembremos de que, em situação escolar, não nos importa experimentar e criar formas corporais *para* aprender Matemática. No entanto, ao reconhecer e vivenciar as diferentes formas em dança, estaremos certamente in*corpo*rando muitos conceitos da área de conhecimento matemático que valem a pena ser elucidados. A compreensão das relações tridimensionais (no corpo) e bidimensionais, conceitos matemáticos, por exemplo, podem ser decorrentes de uma experiência expressiva (artística) com a dança e assim por diante.

- Relações corpo/sociedade

Na Educação Infantil, o componente *corpo* da linguagem da dança pode ser uma riquíssima fonte de conexões para dialogar e construir com os alunos redes de relações sociopolítico-culturais. Vale lembrar novamente que qualquer outra área de conhecimento, ao se relacionar com a dança, enriquece e expande suas possibilidades, mas que não devemos nos propor a ensinar dança *para* que as crianças apreendam outros conteúdos escolares.

Como vimos, conhecer o corpo e suas possibilidades funcionais/expressivas abarca e se relaciona com uma vasta gama de saberes: saberes da Biologia, da Sociologia, da Antropologia, da História Social em seus muitos temas sobre relações de gênero, multiculturalidade, sexualidade, saúde, para citar alguns.

Nunca me esquecerei de uma aula sobre o tema "partes do corpo que dançam" em que uma criança apontou para o próprio pênis e me perguntou: e esta parte do corpo aqui? Gargalhada geral e expectativa para ouvir minha resposta: ali estávamos conversando sobre as partes articuladas do corpo que dançam, ou seja, que geram dança, e não sobre o corpo biológico. Além disso, vale a pena conversar sobre o pênis em si, que não é uma articulação óssea e por isso não gera movimento e/ou dança. Neste e em outros casos parecidos, seria importante para o aluno saber que o corpo do ponto de vista da Biologia é diferente do corpo do ponto de vista da dança. No entanto, estamos falamos do mesmo corpo e essas informações são complementares e absolutamente relacionadas.

Nas propostas de articulação entre a dança e a sociedade devemos nos lembrar da importância de fazer com que as crianças percebam que seus corpos também são articulados e conectados ao mundo, à sociedade, às pessoas; é muito importante para que elas percebam, compreendam e saibam opinar/agir sobre as dinâmicas das interações sociais em que vivem.

Observar e conversar sobre o corpo humano biológico (item anterior) é um excelente momento também para conversar sobre as semelhanças e diferenças entre os corpos das pessoas – tamanho, força, possibilidades físicas, etnia, gênero – e, assim, começarmos a apontar para as crianças como realmente *somos* nossos corpos (*vide* primeiro capítulo). Ao mesmo tempo, é um momento para que as crianças percebam o quanto seus corpos, únicos, estão conectados a histórias de vida, nacionalidades, etnias, classes sociais etc. que dizem respeito a grupos/categorias sociais. *Somos parte e todo da sociedade ao mesmo tempo*.

Ao dançar em situação escolar, essas diferenças e semelhanças corporais podem – e devem, como já vimos – aparecer de forma bem clara: cada um, por ser um corpo uno e múltiplo, tem o potencial de produzir também danças diferentes, diferenciadas. Somos tão iguais e tão diferentes...

Vale a pena conversar com as crianças sobre o prazer e a satisfação de ser único no mundo e ao mesmo tempo estar conectado a outras pessoas por nossa etnia, gênero, classe social etc. Para fazer uma interface entre a Sociologia/Antropologia e a área de dança, seria também interessante perguntar aos alunos: se somos tão diferentes, por que a sociedade tantas vezes nos impõe que dancemos todos da mesma maneira? (referência, principalmente, às danças das mídias).

A unicidade, que, como vimos, é ao mesmo tempo conectiva e múltipla, pode ser trabalhada e enfatizada pelas experiências com a dança na escola. As proposições de (re)conhecimento das articulações do corpo, por exemplo, podem também ressignificar as relações corpo/eu/mundo se percebidas em sua amplitude e infinidade de possibilidades criativas. As articulações (signo da linguagem da dança) podem ser fonte de criação de dança *ao mesmo tempo que,* dançando, podemos conhecer, perceber e vivenciar o uno e o múltiplo no corpo. Podemos, dançando, conhecer e perceber diferentes corpos que são socialmente constituídos e historicamente produzidos.

No momento de articulação entre o corpo próprio que dança e os corpos em sociedade se realiza a proposta da Dança no Contexto de estabelecer redes de relações entre a linguagem da dança, as crianças e a sociedade de forma bem simples (não simplória!). Percebendo seu corpo e os corpos dos outros, suas danças e as danças dos outros, é possível às crianças, eminentemente *dançando*, ou seja, fazendo/fruindo arte, inserirem-se de forma crítica nos universos das relações sociais cotidianas.

A articulação corpo/sociedade pode se dar também na compreensão e in*corpo*ração das *formas* e das *ações corporais*. Reconhecer as formas que os corpos podem tomar e associá-las aos cotidianos, às diferentes culturas, faixas etárias, profissões é um jeito de fazer isso.

A título de levantar possibilidades de trabalho, podemos observar que diferentes religiões propõem diferentes formas (aqui em seu sentido duplo) de oração. Corpos muçulmanos rezam em forma de bola, católicos de agulha; as imagens de Shiva são torcidas e, em geral, amuletos são achatados... por que será? Obviamente, com crianças pequenas basta perguntar e começar a desvelar um mundo de crenças que são literalmente incorporadas. Ou seja, perceber que as diferentes crenças constituem corpos de *formas corporais* diferentes já é um grande ganho a caminho do diálogo e da ética, nas relações multiculturais.

Podemos também fazer com as crianças um levantamento que relacione *formas corporais* e profissões: o camponês, o jardineiro, as lavadeiras estão muito frequentemente em forma de bola para trabalhar. Já os executivos, em forma de agulha. Formas torcidas são geradas por corpos que trabalham com o próprio movimento (dançarinos, atletas), mas também por professores que torcem o corpo o tempo todo para olhar para diferentes lados. Mas será que é sempre assim? Que outras formas o jardineiro assume em seu trabalho? Por que será? As *formas corporais* assumidas por diferentes profissões estão relacionadas à funcionalidade do corpo, mas também a histórias, tempos e espaços sociais.

Investigar, observar, olhar ao redor do ponto de vista da *forma corporal* faz com que joguemos outras luzes sobre os corpos em situação social, possibilitando uma ressignificação dos mesmos. Do mesmo modo, as *ações corporais*, realizadas preferencialmente por diferentes idades, profissões, religiões, gêneros podem ser um tópico de relação entre o tema corpo/sociedade.

Obviamente todo ser humano tem o potencial de executar qualquer das *ações corporais* decodificadas pela linguagem da dança (gesticular, deslocar, expandir etc.). No entanto, percebemos que diferentes categorias de profissão, famílias, nacionalidades, etnias, religiões etc. vão formatando nossos corpos culminando que, em muitos casos, não aprendamos o leque de possibilidades de ações corporais existentes (veja discussão que fizemos sobre este tema no capítulo anterior).

Por exemplo, operários de uma fábrica de montagem de microscópios especializam-se nos gestos, já os funcionários de uma montadora de carros são mais exigidos para expandir e recolher seus corpos. As crianças primam mais pelos deslocamentos e saltos do que os adultos, mais comumente sedentários (ação corporal principal: pausa). Os *Hare Krishnas*, em suas celebrações, saltam, ação corporal inexistente nas celebrações da Igreja Católica, por exemplo, e assim por diante.

O que quero enfatizar com esses pequenos exemplos é que profissões, faixas etárias, religiões, contextos familiares, entre outros, em seus cruzamentos sociopolítico-culturais constroem, constituem nossos corpos e nos ensinam formas e ações de ser/

estar no mundo. É importante que as crianças percebam isso para que possam fazer escolhas, expandir suas potencialidades e não fiquem condicionadas ao que a sociedade (famílias, empregos, cultos, idades) lhes oferece/postula. Conhecer, experimentar e criar danças com foco nas *ações corporais* é uma maneira de ressignificar as construções e condicionamentos sociais do corpo.

Para efeitos deste livro, quero enfatizar que os componentes da linguagem da dança podem e, no meu entender, devem ser chaves de relações com a sociedade e que, eminentemente *dançando* esses componentes, podemos nos tornar leitores críticos da dança/mundo (Marques, 2010), podemos atribuir outros/novos sentidos à vida.

Criticando e transformando as relações com o corpo

Criticar diz respeito a comparar, levantar hipóteses, analisar, decodificar, desconstruir. Ao contrário do que reza o senso comum, a crítica não diz respeito a ser "cricri", mas sim a saber olhar/agir com profundidade, amplitude e clareza (Rios, 1985). Ao criticar, temos a possibilidade de escolher e, portanto, de transformar se assim o desejarmos. Transformar para reformatar, reordenar, reconfigurar as relações entre dança, ensino e sociedade (Marques, 2010).

Proponho que o trabalho com a face "criticar" da quadra articuladora da proposta metodológica da Dança no Contexto seja acima de tudo uma atitude, um posicionamento, "a possibilidade de vermos 'com', 'em termos de', 'com respeito à', 'à luz de' e assim repensar os contextos, perceber as percepções, pensar os pensamentos, interpretar as interpretações" (Berthoff, *in* Marques, 2010, p. 221).

Conforme tanto enfatizou Paulo Freire (1982), a atitude crítica se opõe à atitude e consciência ingênuas. A atitude crítica nos permite distanciamento, sair do senso comum, compartilhar outras propostas e, consequentemente, diferentes leituras do mundo. A educação crítica tem o potencial de fazer com que as crianças tenham "mais possibilidades de se tornar leitores críticos da dança/mundo [...] de perceber, (re)conhecer e dançar sob uma perspectiva também plural, justaposta, multifacetada da dança/arte" (Marques, 2010, p. 226).

> Ser crítico em nossos corpos, em relação às danças que existem e aos vínculos que estabelecemos entre corpo, dança e sociedade [...] é não nos deixarmos levar por compreensões superficiais, fanáticas, universalizantes ou até mesmo teimosas e polêmicas sobre/no universo da dança. Nessa linha de raciocínio, corpos críticos [têm] a capacidade de analisar, de ver de outros pontos de vista, de perceber, de se inquietar... (Marques, 2011, p. 38)

É sempre bom lembrar que a "criticidade corporal" possibilita também a educação de corpos cidadãos. A cidadania não consiste somente em opinar, em ter voz e em discutir direitos individuais. Sobretudo, a cidadania consiste em saber compartilhar ideias, saber ouvir, negociar e realizar ações democraticamente em prol do bem comum. Corpos cidadãos, nesse sentido, não são apenas aqueles a quem outros outorgam o direito de dançar. O corpo cidadão é um corpo que *escolhe* dançar, que pode escolher o que dançar, como dançar, por que dançar.

O corpo que pode escolher, assumindo e refletindo criticamente, sempre, sobre suas escolhas, pode escolher também como dialogar com o mundo em que vive. Face da mesma moeda, corpos cidadãos deveriam se comprometer com a construção desse mundo, tendo a possibilidade de dançar "fora da música" (Marques, 2011).

As propostas que aqui discutimos de articular as proposições de dança às vivências artísticas, a outras áreas de conhecimento e às faces sociais do corpo são formas de educar criticamente cidadãos dançantes. É por isso que a crítica está tão próxima da transformação, de *transformar a ação*.

A transformação, no entanto, como face da proposta metodológica da Dança no Contexto, não pode ser entendida como uma finalidade, uma meta, um resultado. A transformação, proponho, está *entrelaçada* aos processos pedagógicos, atravessada pelos conteúdos, envolvida nos processos de ensino e aprendizagem. Por isso, a transformação deve ser estimulada, proposta, vivenciada a todo o momento – nos momentos de problematização, de articulação e de crítica.

Os processos criativos da dança, aliados aos processos interpretativos conscientes (não mecânicos) são formas eminentes de transformar. *A criação artística é em si um processo de transformação*. É por isso que insisto tanto em possibilitar, incentivar e motivar as crianças a criarem suas próprias danças: elas estarão experimentando e experienciando no corpo e, portanto, nelas mesmas, a potência da transformação.

Se, como vimos, *somos* os nossos corpos e estes mesmos corpos guardam relações e atravessamentos sociopolítico-culturais (são historicamente construídos e socialmente constituídos), ao transformar nossos *corpos* pessoais *dançando*, estaremos também – mesmo que indiretamente – transformando as dinâmicas das relações sociais.

Espaço: onde se move?

Iniciaremos agora uma conversa sobre o espaço como componente do campo *movimento* da linguagem da dança. Laban (1966) dizia que "o espaço é um aspecto oculto do movimento e o movimento um aspecto visível do espaço" (*in* Rengel, 2003, p. 61). Sempre bom lembrar que o espaço não existe aleatoriamente, é o corpo em movimento que constrói o espaço, que o torna visível, habitável, transformado, impregnado de sentidos. É por isso que muitos autores – assim como artistas – não separam o estudo do corpo do estudo do espaço. Aqui faremos essa separação por óbvias razões pedagógicas. É interessante também consultar a tabela síntese no fim deste capítulo sobre o campo de significação *movimento* a ser trabalhado na Educação Infantil para compreender e visualizar a discussão que proporemos a seguir.

O espaço do dançar: introdução

Para a organização deste livro, selecionei dois aspectos do estudo e compreensão do espaço como componentes do campo *movimento* que penso serem iniciais para a compreensão do corpo em movimento, do corpo que gera e é gerado pela dança. Por partes e/ou como um todo, em locomoção e/ou em pausa, o corpo cria *espaços pessoais* e também *espaços gerais*.

O *espaço pessoal* é aquele que diz respeito mais especificamente ao espaço do corpo em si, é autorreferente. O corpo dançante cria relações com os espaços de movimento próprios, de cada um. Esses espaços são chamados de *níveis* e *amplitudes* de movimento (a amplitude é também chamada de kinesfera). A rigor, existem três possibilidades iniciais em cada um desses signos: dançamos em três níveis iniciais, o alto, o médio e o baixo; nossa amplitude de movimento (kinesfera) pode ser grande, média ou pequena.

Basicamente, entre níveis e amplitudes estamos nos referindo a subir e descer e a abrir e fechar o corpo em movimento. Em um momento inicial, ou nos primeiros estágios da Educação Infantil, isso basta para que as crianças vivenciem e incorporem possibilidades de dançar espaços pessoais. Com o passar dos anos, podemos começar a nomear as etapas tanto de "subir e descer" (níveis) quanto de "abrir e fechar" (kinesfera) e expandir as redes de relações de conhecimento da linguagem da dança.

Considero aqui o *espaço geral* como um espaço do corpo pessoal que tem ligação necessária com os ambientes em que este corpo está. Tentemos não criar confusão com essa nomenclatura: trato neste capítulo do espaço geral não como um campo de significação, mas sim como o espaço pessoal do dançarino que tem referência direta com o meio ambiente. O espaço geral como campo de significação, ao contrário disso, é o que chamo de espaço cênico: o teatro, a rua, a escada da biblioteca, o porão de um prédio etc. (*vide* também Marques, 2010).

Vamos exemplificar? Vejamos os caminhos, trajetórias ou ainda chamadas de progressões espaciais. Elas são criadas pelos corpos dos artistas e "deixam marcas" no meio ambiente: podemos desenhar no meio ambiente, com nossos corpos, principalmente com os pés, linhas retas, curvas, ondas e ziguezagues ao caminhar, ao dançar. As progressões espaciais são como "rastros" do corpo no meio ambiente. O "caminho da roça" que fazemos ao dançar a Quadrilha, como já vimos no primeiro capítulo, é em geral um "rastro", ou uma progressão espacial ondulada. Já os rastros (progressões espaciais) deixados pelos corpos de homens e mulheres na mesma dança ao se cumprimentarem, são retilíneos. E assim vamos...

O *espaço geral* também pode ser também trabalhado por "zonas", ou direções: o corpo pode ir para cima, para baixo, para frente, para trás, para os lados. Essas possibilidades de direção e trajetórias espaciais complementam e conversam com as possibilidades do corpo em movimento. De fato, não há como um corpo se deslocar no espaço sem que esteja, necessariamente, indo a uma direção com uma determinada trajetória.

É por isso que dizemos que *corpo* e *espaço* são praticamente indissociáveis. Na escola, por questões de organização pedagógica, proponho que os componentes corpo e espaço sejam apresentados e trabalhados separadamente, mas, sempre que possível reassociados nos processos criativos e interpretativos das crianças.

Vamos agora ver algumas possibilidades de trabalhar os signos do espaço do movimento: caminhos para problematizar, articular, criticar e transformar espaços de movimento em suas relações com a dança/mundo. Vamos começar pela problematização.

O corpo no espaço: percorrendo caminhos

Problematizando o espaço: perguntar, indagar, remexer

Assim como conversar sobre o corpo abarca um imenso leque de possibilidades e estudos desenvolvidos por diversas áreas entrelaçadas do conhecimento, as abordagens sobre o espaço são inúmeras: da Filosofia à Educação Física, da Geografia à Física. Aqui, obviamente, nos restringiremos a conversar sobre o espaço à medida que traça relações com a dança.

Assim como o *corpo*, o *espaço* na dança não pode ser tratado meramente como uma questão técnica e/ou conceitual, como um signo isolado, desprovidos de sentidos. Não basta que os alunos saibam nomear e identificar "nível alto, baixo, médio" e saibam se estatelar no chão ou ficar nas pontas dos pés. Para que possamos construir sentidos, e, assim, nos educarmos (conforme nos propõe Paulo Freire), é importante que problematizemos as relações entre corpo, espaço, dança e sociedade. Assim, teremos possibilidades de nos tornarmos leitores diferenciados da dança/mundo e contribuir na construção de uma sociedade mais justa e mais ética.

Para problematizarmos o *espaço* de movimento devemos sempre buscar perguntar: e se? Quem? Onde? Como? É sempre assim? Queremos mudar? Podemos mudar? Vejamos alguns caminhos para problematizar os componentes da linguagem da dança em função do *espaço pessoal* e do *espaço geral* que acabamos de conceituar.

- Espaço pessoal

O espaço pessoal talvez seja o mais significativo para trabalhar com as crianças pequenas. Diferentemente do adulto, a criança sobe e desce, abre e fecha o tempo todo, estimulada pelo meio ambiente, pelas pessoas ou por si próprias; movem-se pelo simples prazer de conhecer o corpo, descobrir o mundo, explorar suas possibilidades.

Nunca é demais lembrarmos que a verticalidade é um tipo de "conquista" da espécie humana, sair da locomoção rastejada (no nível baixo) até o apoio sobre os dois pés (ficar em pé, nível alto do espaço) levou milhões de anos. Andar (ficar no nível alto do espaço) é uma grande conquista corporal pessoal e ao mesmo tempo uma grande expectativa social em relação às crianças. Os diferentes níveis de espaço do movimento, portanto, não podem ser tratados em situação escolar de forma frívola, sem construção de sentidos, sem problematização e/ou articulação com a história da humanidade e, claro, das crianças.

Para essa primeira problematização é interessante conceituar as diferentes possibilidades desse corpo/espaço, ou seja, conceituar com as crianças o que é um "nível alto, médio ou baixo". Podemos usar, por exemplo, uma figura humana ou até mesmo o corpo dos alunos para essa explicação: o nível baixo do espaço está demarcado pelo espaço entre a cintura e os pés da pessoa, o médio entre a cintura e o pescoço, o alto a partir do pescoço, para cima.

Observar e perguntar às crianças quando, onde, com quem, em geral, estão nos diferentes níveis do espaço é um bom começo. Por exemplo: em que níveis do espaço costumam brincar? Seus pais ou cuidadores as acompanham no nível baixo do espaço para as brincadeiras? Proponha que as crianças conversem entre si sobre como seus espaços pessoais de movimento são construídos em suas casas, na escola, na rua. São espaços iguais ou diferentes? Por que será?

Podemos perguntar não somente quais os níveis do espaço estão mais presentes nos cotidianos das crianças, mas também indagar: nesse nível do espaço, "fazendo o quê?" Quem fica com você nos diferentes níveis do espaço? Como é estar com um adulto no nível baixo do espaço, por exemplo?

Essas perguntas são importantes para que as crianças possam atribuir diferentes sentidos aos níveis do espaço e a suas possibilidades. Por exemplo, mover-se no nível baixo do espaço para encerar o chão é bem diferente de estar no mesmo nível baixo jogando um jogo com o colega. Podemos perguntar se é sempre assim, ou seja, se essa situação poderia ser diferente: neste caso sim! Atualmente temos enceradeiras (os corpos ficam no nível alto) e podemos jogar em uma mesa (nível médio do espaço). A partir de uma aparentemente simples conversa sobre o espaço pessoal podemos começar a dimensionar a história das tecnologias...

Será que os alunos já repararam que aquilo que supostamente "quebra", "é frágil", "não pode ser manipulado" é guardado pelos adultos no nível alto? Ou seja, as crianças precisam se esticar, saltar para alcançá-las? Podemos repensar os espaços da sala de aula em função dos níveis do espaço proporcionados pelo movimento. Que acesso aos livros, brinquedos, objetos damos às crianças? Eles estão guardados no nível baixo ou estão em altos armários que não podem ser alcançados nem no nível alto de cada criança?

Em situações de ensino e aprendizagem, as crianças podem também ser expostas a diferentes movimentos/estilos artísticos de dança a fim de pontuar os diferentes níveis do espaço constituídos pelos dançarinos. O balé clássico, por exemplo, raríssimamente utiliza o nível baixo, exacerbando as alturas, até mesmo se servindo das sapatilhas de ponta. Já o movimento modernista da dança ocidental europeia "conquistou" o nível baixo que até hoje é bem utilizado por coreógrafos contemporâneos.

Podemos também observar as danças urbanas em que corpos frequentemente transitam entre os níveis alto, médio e baixo. Por que será? O que isso quer dizer a respeito dessas danças? Dessas pessoas? Desses agrupamentos sociais? Para crianças pequenas, basta que em um primeiro momento identifiquem, tracem semelhanças e diferenças, que percebam que sempre há *escolhas* históricas e sociais na produção social de dança em relação aos signos da linguagem da dança.

As kinesferas de movimento também podem ser problematizadas. É interessante notar com as crianças o quanto as kinesferas, ou a amplitude de movimento, se relacionam com o meio ambiente e às ações cotidianas do corpo. Para comer, em geral guardamos uma kinesfera pequena (isso é dito ser educado!). Seria possível comermos com movimentos em kinesferas grandes? O que aconteceria?

Brincar no parque sem muita gente por perto permite que expandamos o movimento, que ampliemos nossas kinesferas; já em um metrô ou ônibus lotados isso não é possível. Podemos indagar com as crianças: em que outras situações nossas kinesferas devem ser diminuídas (membros perto do tronco, movimentos pequenos) ou podem ser aumentadas? Por quê? O que sentimos nas diferentes possibilidades? Como nossos corpos reagem a essas situações? E na escola? Onde é possível e permitido que as kinesferas se expandam? Será que kinesferas expandidas são "legais" na hora de entrar ou sair da sala de aula ao mesmo tempo que os colegas?

Sempre é bom traçar relações entre as amplitudes de movimento e a produção artística na área de dança. Que danças conhecem (ou partes de dança) em que os dançarinos expandem suas kinesferas? O movimento expandido é uma constante no balé clássico, mas extremamente restrito na dança *butô*, por exemplo.

A dança moderna americana deixou marcas históricas no que diz respeito a trabalhar os fluxos de movimento entre abrir e fechar. Doris Humphrey, coreógrafa norte-americana, por exemplo, dizia que cair e recuperar-se gera o "fluxo da vida".

> **Para saber mais...**
>
> O *butô* (butoh) é um nome coletivo para muitas atividades, técnicas e motivações para dançar. Aparece no Japão após a Segunda Guerra Mundial como uma reação ao cenário de dança contemporânea nesse país sendo influenciado pelas manifestações de estudantes que questionavam autoridades e desafiavam a subversão. Sua origem é atribuída aos artistas Tatsumi Hijikata e Kazuo Ohno, que desenvolveram, cada um deles, o *butô* à sua maneira. O *butô* não tem um estilo específico e tradicionalmente é dançado com o corpo pintado de branco.

Muitas outras indagações e perguntas podem ser feitas relacionando níveis e kinesferas aos cotidianos dos alunos e à produção artística de dança. Aqui trabalhei algumas possibilidades somente a título de exemplo, para concretizar algumas ideias e oferecer sugestões. O mais importante é que cada professor leve a cabo sua problematização a respeito do espaço pessoal, relacionando-o ao Projeto Político Pedagógico da escola.

O importante da face da problematização do ponto de vista dos elementos da linguagem é que as crianças se apropriem da postura de perguntar, indagar, pensar a respeito daquilo que é aparentemente óbvio. Caso isso não seja feito, abrir e fechar, subir e descer tornam-se componentes meramente técnicos, atividades isoladas do currículo, esvaziam-se. Caso os componentes do espaço pessoal sejam trabalhados somente de forma técnica, podemos considerá-los "conteúdos dados" em menos de uma semana! Afinal, os alunos já abrem e fecham, sobem e descem o tempo todo...

O que quero dizer com isso é que, para nos tornarmos leitores e produtores da dança/mundo, não basta identificar e executar movimentos, é preciso compreendê-los no corpo, in*corpo*rá-los em seus sentidos amplos e profundos; é preciso formar redes de relações múltiplas entre a linguagem da dança e o mundo em que vivemos.

- Espaço geral

Problematizar o espaço geral do movimento é acima de tudo tratar de criar relações entre os corpos em movimento e o ambiente. O ambiente se torna uma referência, ao mesmo tempo em que nos faz perceber nossos corpos de formas diferentes. Caminhar para frente, para trás, para os lados pode ser muito simples, até mesmo fácil. Compreender qual o referencial para que este movimento aconteça pode se tornar complexo até mesmo para adultos experientes!

Podemos ter dois pontos de referência para (re)conhecer as zonas do espaço, ou as direções do corpo no espaço. A primeira delas é autorreferente: o corpo de cada um determina a frente, sua própria frente. Ou seja, se tivermos quatro crianças, uma virada para cada canto da sala, teremos quatro "frentes". A segunda é a referência do meio: em geral, a frente da sala fica determinada pela porta, mas pode também ser determinada pelo professor. Se pedirmos que os alunos caminhem para frente, todos irão caminhar na mesma direção, mesmo que estejam de costas para a porta.

Creio que a problematização mais importante a partir desse conceito é indagarmos sobre nossas referências corporais: onde temos referências externas (do meio) ou dos outros? Por exemplo, diferentes propostas arquitetônicas são referências externas para nossos movimentos. Ao contrário disso, em que situações nossas referências são pessoais, internas? Um desdobramento dessa problematização é perguntarmos: o que nossa sociedade mais valoriza? Referências internas ou referências externas?

Mesmo valorizando mais, creio, as referências externas, quantas e quantas pessoas em nossa sociedade se tornam egoístas e egocêntricas, ou seja, não têm qualquer olhar para o meio, para os outros? A crise ecológica é um sinal disso... mostra de pessoas que têm como único referencial seus próprios corpos, seus próprios egos: são incapazes de perceber o meio, os espaços "dos outros" (que também são nossos).

Para tornar essa problematização mais acessível às crianças, creio que basta dançarmos nas diferentes direções e referências perguntando e indagando sobre as diferenças e semelhanças que percebem em seus corpos e nos corpos dos colegas. O que acontece com seu corpo quando você não presta atenção no meio/sala? E quando você não segue o seu corpo e sim uma direção da sala? Em que situações (referências) estamos mais próximos e unidos aos colegas? Que tipo de danças podemos criar com esses referenciais?

Outra coisa bacana é discutir com os alunos sobre fazerem acordos sobre referenciais espaciais – todos devem compreender e/ou escolher juntos onde é "a frente" da sala, por exemplo, caso contrário haverá confusão. Eles podem perceber que a arquitetura (o arquiteto) geralmente determina espaços, formatando corpos.

As experiências dançadas e problematizadas são sempre muito importantes para criarmos relações com os cotidianos. Em que momentos das vidas das crianças as referências externas são predominantes? E as internas? Por exemplo, entrar em um trem de metrô lotado exige que a referência pessoal se imponha (seguir para "minha" frente, ou seja, empurrar!). *Ao mesmo tempo*, este corpo que segue em frente deve mirar bem a frente do metrô, o lugar da porta, ou seja, se relacionar com o meio. Há outros exemplos em que isso aconteça? Isso pode ser conversado com os alunos e servir de referências para criação de danças.

Articulando o espaço do movimento: conectar, tecer redes

- Relações espaço/dança-arte

a) Dançando os níveis do espaço

As relações do corpo no espaço com as possibilidades de dançar, ler e produzir arte são muito importantes para que possamos compreender, articular e transformar outras esferas sociais em que o corpo/espaço também estejam inseridos. Já discutimos o quanto a dança em si, por ser linguagem artística, pode contribuir para novas/outras leituras de mundo. É por isso que enfatizo aqui, na face "articulação" da proposta metodológica da Dança no Contexto, as relações entre os níveis do espaço e a dança como arte – desde que articulada também às pessoas que dançam e à sociedade (*vide* Marques, 2010).

Vamos dançar os níveis de movimento no espaço? Por que não começar com um jogo? Por exemplo, a caça ao tesouro. Papéis com mensagens, números, "surpresas" podem ser penduradas/grudadas com crepe pelo parque ou sala de aula nos diversos níveis do espaço da sala – bem no alto, na região central, no chão. Podemos explicar isso às crianças e desafiá-las a encontrar os tesouros. Após a brincadeira, conversar com elas sobre o que aconteceu em seus corpos para pegarem o tesouro do alto, do meio, de baixo, já é uma introdução ao conceito de níveis do espaço.

Podemos nos lembrar de outras brincadeiras que já fazemos em diferentes níveis do espaço e brincá-las novamente deste ponto de vista: o conhecido morto-vivo, a fila de crianças de perna aberta em que a última passa por baixo até chegar na primeira de novo; a gangorra do parque, o trepa-trepa etc. Aqui propomos a vivência dessas brincadeiras por seu valor em si – brincar –, mas sugiro a atenção aos níveis do espaço neste momento para que a brincadeira possa também virar dança.

Para continuar, após o brincar, é possível propor danças em que os corpos explorem e construam esses mesmo níveis do espaço (re)conhecidos nas brincadeiras. Por exemplo, em duplas, podemos propor que as crianças fiquem uma em frente a outra, olhando-se nos olhos. Uma criança começa dançando no nível baixo, a outra no alto. No desenrolar da dança, esses níveis podem mudar e se alternar: quando há mudança de nível por parte de uma das crianças, a outra deve mudar também, ir para o nível oposto. Ou seja, sempre haverá uma criança no alto e outra no baixo. Podemos ir trocando as duplas e percebendo o quanto o corpo no espaço e suas possibilidades criativas são relacionais: cada colega nos "ensina" uma coisa diferente.

Os objetos intermediários são sempre um trunfo para explorar, criar, articular e compreender os componentes da linguagem da dança. Jogar para cima e para baixo objetos leves que flutuam como um pedaço de tule, por exemplo, sugerindo às crianças que acompanhem o movimento do objeto com o corpo pode ser bem divertido. Mas ficar somente nisso pode esvaziar o sentido da produção artística em si. O mais interessante do ponto de vista da arte é fazer com que uma experiência corporal gerada por objetos se transforme em dança, em experiência estética.

Podemos recolher os objetos, propor que as crianças criem outras danças a partir do que perceberam em seus corpos com os objetos e conversem sobre a diferença entre estar/dançar com um objeto e sem ele, por exemplo. Sempre bom, como já vimos, assistir a produções sociais de dança em que os artistas também dancem os níveis do espaço de movimento para que aprimorem, ampliem, descubram suas necessidades, possibilidades e desejos ao dançar.

As danças das crianças focadas nos níveis de espaço do movimento, se relacionada a outras áreas de conhecimento e a situações sociais (*vide* a seguir), podem ser ainda mais incrementadas, expandidas, relacionadas ao mundo em que vivemos. Ou seja, como vimos anteriormente, não se prestarão somente à autoexpressão, mas sobretudo, à construção artística que, por sua vez, traça relações com a sociedade.

b) Dançando as kinesferas

O mesmo pode ser sugerido em relação às kinesferas – brincar e dançar, explorar e dançar, dançar e assistir dança. Sempre acho interessante o professor voltar seu olhar para aquilo que ele já faz, mas com os óculos da linguagem da dança. Se o professor já brinca com suas crianças de "coelhinho sai da toca", por exemplo, em que alunos têm o seu espaço pessoal (toca) definido pelo bambolê ou por um círculo desenhado no chão, facilmente poderá transformar a brincadeira em dança.

Sugiro que, no desenvolvimento de propostas de dança, o foco da brincadeira vá mudando. Por exemplo: ao saírem correndo para pegar uma toca, as crianças devem também observar e sentir em seus corpos como são essas tocas. Podemos começar essa mudança propondo, desenhando, circunscrevendo tocas de diferentes tamanhos para que as crianças percebam seus corpos mais expandidos e/ou mais contraídos (nesse caso, devemos enfatizar que o corpo deve ficar no tamanho da toca, pois é bem possível estar em uma toca grande com o corpo encolhido).

Conversar sobre as sensações e percepções das vivências é sempre importante. Ou seja, nesse momento de articulação, a problematização é sempre muito bem vinda: em que outros lugares relações corpo/espaço como a vivenciada na brincadeira acontece? O que você sente? Por que é assim? Daria para mudar? Etc. Mas "redançar" os coelhos nas tocas, ou seja, retomar as sensações e percepções geradas pela brincadeira em forma de dança é vital para que os processos de aprendizado não se tornem somente um conversar sobre a dança! É possível retirarmos as tocas para criar outras danças ou ainda, criarmos danças em que as tocas fazem parte da cena.

Usar caixas de papelão de diversos tamanhos, de preferências as grandes em que as crianças podem entrar, é muito significativo para dançar as kinesferas de movimento. O momento de exploração e conversa sempre acontece nessas proposições até que percebam, sintam, falem de suas sensações, impressões sobre estar dentro de caixas com tamanhos diversos. Elásticos costurados nas pontas formando um "aro" também é bem bacana para que as crianças experimentem as possibilidades de abrir e fechar, restringir e expandir seus espaços pessoais. Ambos, caixas e elásticos são bem cênicos, podem entrar nas danças como cenários que serão compartilhados entre as crianças, dançando.

As kinesferas das crianças também podem ser compartilhadas em duplas e trios – dançar bem pertinho, dançar deixando um espaço entre os corpos. Esse tipo de proposta faz com que corpos possam compartilhar e estar com outros corpos, ou seja, expande a esfera pessoal de movimento, considerando a existência do outro.

c) Dançando as progressões

As progressões espaciais estão em toda parte, constituem nossos cotidianos. Elas já estão, muitas vezes, desenhados no chão – as linhas e curvas desenhadas nas calçadas, as faixas de pedestre, os caminhos para cegos, as faixas das quadras de esporte etc. As crianças podem observar todas essas trajetórias cotidianas, percebendo se são retilíneas, circulares, onduladas, ou em ziguezague. Depois disso, podem desenhar seus próprios circuitos no papel e trocar com um colega. Isso vira dança! Cada um, tendo recebido um circuito feito pelo colega, pode experimentá-lo no corpo, dançando.

A professora pode também, ela mesma, desenhar no chão diferentes trajetórias (progressões espaciais) para que os alunos explorem e, também, in*corpo*rem em suas danças. O mesmo pode ser feito pelas próprias crianças: cada uma desenha uma trajetória no papel a ser seguida pelos colegas. Quando é mais legal seguir uma linha reta? E fazer ondas no chão? Por quê? Essa proposta também pode ser desenvolvida em duplas, trios e até mesmo com mais alunos. O desafio muda: além de dançar as progressões, as crianças devem se manter juntas, dançando com os colegas do grupo.

Uma leitura que merece ser feita é a leitura das progressões na Quadrilha, dança tão conhecida pelo Brasil inteiro, por exemplo. O cumprimento inicial de homens e mulheres desenha uma linha reta; já o caminho da roça, como vimos, ondulada. A grande roda traça círculos no chão e o baile pode traçar ziguezagues. Cada uma destas progressões corresponde a um sentido cultural e histórico. Ao longo dos anos, na construção desta dança, progressões foram sendo escolhidas e incorporadas à sua tradição.

Para as crianças mais velhas, podemos mesclar alguns componentes da dança: dançar na linha reta com diferentes ações corporais, ou ainda escolhendo diferentes níveis do espaço. Por exemplo: desenhar linhas retas no chão com o corpo abrindo e fechando ou ainda desenhar ondas somente utilizando o nível baixo do espaço.

As progressões espaciais também podem sugerir diversos mapas (dos mapas das cidades aos mapas de tesouro) para que as crianças dancem brincando as situações neles contidas.

d) Dançando as direções

Assim como as progressões espaciais, dançar as direções do corpo no espaço se tornam sempre mais interessantes se mescladas a outros componentes da dança. Dançar "para frente" fazendo uma progressão ziguezague, por exemplo. Ou ainda, dançar "para trás" enfatizando as articulações dos punhos. Algumas sequências como essas podem ser criadas pela turma e anotadas na lousa para que depois tentem fazê-las no corpo.

Os jogos de oposição em duplas também podem funcionar bastante para que danças sejam criadas pelos alunos tendo como referência as direções. Basta escolher um propositor da dupla. Este propositor dançará nas diferentes direções (para frente, para trás, para a esquerda, para a direita etc.). A criança e sua dupla buscarão dançar em oposição complementar: se o propositor vai para frente, ele irá para trás e assim por diante.

Outro jogo/dança que pode ser feito é trabalhar com a classe toda usando o referencial da sala de aula. Ao comando do professor – que aos poucos pode ser passado para as próprias crianças – desafios são lançados para que se movam nas diferentes direções da sala. Essa proposta se torna mais interessante se as crianças já tiverem em seus corpos danças criadas, ou seja, uma sequência fixa por elas criada. Dançar a composição olhando para a frente da sala, depois de frente para o lado esquerdo e assim por diante.

Crianças dançando no nível médio do espaço
Fonte: Arquivo pessoal da autora

As propostas acima sugeridas são mais complexas, mas indicam o quanto diferentes componentes da linguagem podem – e devem – ser sobrepostos para que as crianças percebam e compreendam que o *movimento* não é isolado, estanque, mas sim multifacetado e em constante variação. Sugerir proposições mais complexas não depende somente da faixa etária das crianças, mas também de suas experiências com a linguagem da dança.

- Relações espaço/outras áreas de conhecimento

Antes, depois, ou até mesmo entre proposições especificamente de dança/arte podemos desenvolver com as crianças proposições em outras áreas de conhecimento que estejam relacionadas aos componentes da linguagem que estão sendo trabalhados.

Por exemplo, na área de Ciências, podemos explorar a próxima relação que as crianças têm com animais. Animais se locomovem em diferentes níveis do espaço – assim com as pessoas. Não estou sugerindo que as crianças simplesmente imitem animais nas aulas de dança. No entanto, tendo estabelecido relações entre as formas de locomoção dos animais e os diferentes níveis do espaço de movimento, elas podem se locomover no chão (nível baixo) "como se fosse" ou simplesmente "como" uma cobra, uma minhoca, uma lagartixa. Que outros animais se locomovem neste mesmo nível do espaço? E se mesclarmos os animais? Assim: movimentar-se no mesmo *nível* do espaço da cobra usando a *ação corporal* principal do canguru (saltos)?

Novamente sugiro que os componentes da linguagem da dança podem ser pontos de vista interessantes para olharmos as Artes Visuais. Kandinsky, Miró, Iberê Camargo, por exemplo, pintam muitas progressões espaciais: seus trabalhos são compostos de linhas em diferentes direções, intenções, intencionalidades. Não basta, creio, reconhecer e/ou identificar essas linhas, mas, sobretudo, compreendê-las e também in*corpo*rá-las, dançá-las! As pinturas podem ser referenciais para a criação de movimentos das crianças.

Os móbiles de Calder, por exemplo, nos fazem olhar para o alto, acompanhar seus movimentos indicando o nível alto do espaço. Já algumas instalações de Cildo Meireles jogam o nosso corpo em sentido contrário, para o nível baixo – temos de abaixar a vista e até mesmo o corpo para apreciar seu vasto chão de moedas ou ainda os pelos infindáveis de suas vassouras. Podemos investigar outros artistas, outras propostas visuais que dialoguem diretamente com espaços pessoais e espaços gerais.

Na área de Estudos Sociais, as progressões e as direções espaciais são grandes referenciais para lermos os mapas urbanos, para jogar outro olhar para as ruas das cidades, suas trajetórias, geografias. Experimentar corporalmente mapas é bem interessante, podendo até mesmo virar dança. Qual criança nunca brincou com as linhas das calçadas? Essas linhas existem na escola? Que tal andar em cima delas, pulá-las, compô-las em uma dança?

Pequeno e grande, alto e baixo, reto e curvo são também conceitos matemáticos que podem ganhar corporalidade e novos significados se observados e aprendidos, também, do ponto de vista dos componentes da linguagem da dança. Nunca é demais repetir que, nestas redes de relações, áreas de conhecimento não devem ser hierarquizadas (pensar que a Matemática é mais importante, por exemplo) e tampouco subjugadas uma a outra. O grande valor de estabelecer redes de relações entre áreas de conhecimento está justamente em perceber, sentir, compreender e sugerir novos mapas de conhecimento que provêm de interfaces criadas entre elas.

- Relações espaço/sociedade

Compreender o universo da dança sem que ele esteja relacionado ao universo sociopolítico-cultural é uma ação extremamente limitada em contexto educacional. Se a dança/arte é um fenômeno eminentemente sociopolítico-cultural, conhecer, compreender e in*corpo*rar a linguagem da dança em situação escolar também deve abarcar outros aspectos sociais que iluminem e tracem relações com seus componentes. Vejamos algumas possibilidades de tecer redes de relações entre a dança/arte e a sociedade.

Ao estudarmos o espaço do corpo na dança, em seus componentes pessoais e/ou gerais, a cidade pode se tornar um grande foco. As "camadas" das cidades (metrô, ruas, elevados) e as suas construções (casas, prédios, arranha-céus) merecem especial atenção quando estamos estudando os níveis do espaço. As diferentes camadas das cidades trazem, impregnam, educam nossos movimentos, nossos corpos, nós mesmos, portanto.

Com as crianças, além da observação, da constatação, da experiência corporal, vale indagar: todas as cidades são assim, em camadas? Quais não são? Por que será? Uma investigação com pais e parentes pode ser bem interessante: de onde vieram? Todos tiveram a mesma vivência corporal espacial em suas cidades de origem? Como é organizado o espaço de uma cidade do interior, por exemplo?

Em cidades como São Paulo, "estar por cima", ou seja, nos andares mais elevados dos grandes edifícios, é também indicativo de riqueza. Em geral, quem "mora mais alto" pertence a uma classe social também mais "alta". Aliás, a designação das classes sociais obedece à mesma nomenclatura da dança. A diferença é que, dançando, nenhum nível do espaço se coloca como "melhor" que o outro, não há hierarquias. A criação artística não é hierarquizada *a priori*, embora possa atribuir sentidos hierárquicos a suas produções.

Diferentes culturas também se movimentam em diferentes esferas de movimento. Você já reparou que ocidentais em geral se cumprimentam no nível alto do espaço (em pé), orientais (principalmente os japoneses) no nível médio (abaixam o tronco) e os indianos no nível baixo? (o mais novo se curva para cumprimentar o mais velho).

Conforme já apontamos no primeiro capítulo, tradicionalmente, indianos e japoneses, assim como os indígenas brasileiros, alimentam-se no nível baixo do espaço (sentam-se no chão); europeus, norte-americanos, assim como muitos brasileiros, sentam-se à mesa, no nível médio, portanto. Já os executivos nos grandes centros urbanos de qualquer um destes países comem em pé, em balcões ou mesinhas altas. O que isso quer dizer a respeito desses agrupamentos sociais?

Em ambiente escolar, como seria para os alunos comerem em um nível do espaço diferente daquele em que estão acostumados? Por que não experimentar isso com eles nas horas das refeições? Por exemplo: "hoje vamos comer como os indígenas, no nível baixo de espaço". Aquilo que é extremamente funcional dentro da escola pode ganhar outros coloridos, outros sentidos pessoais e sociais.

Do ponto de vista da kinesfera, você já reparou que, em geral, europeus anglo-saxões se cumprimentam com uma distância entre as pessoas bem maior do que os latino-americanos, que em geral se abraçam (restringem as kinesferas) para dizer "oi ou tchau"? Os japoneses, ao curvarem seus corpos, mantêm uma distância "média" entre eles no ato do cumprimento. Estas escolhas de amplitude de movimento dizem respeito a universos de relações bem diferentes, a culturas diferentes, e são expressas por escolhas de *espaço pessoal* do movimento.

Outra observação muito importante para que as crianças relacionem os conceitos de dança e o mundo em que vivem é o estudo das moradias. Corpos que habitam casas minúsculas, superlotadas, estão aprendendo sobre ser/estar/movimentar preferencialmente em kinesferas pequenas. O oposto acontece com habitações que permitem a expansão do corpo: casas grandes, palácios, castelos. No entanto, não são raros os corpos que, em ambientes grandes e amplos se encolhem, por que será? Vale investigar...

Em outras palavras, podemos identificar, vivenciar, compreender e até mesmo desvelar faces do multiculturalismo, das organizações urbanas, de usos e costumes do ponto de vista dos componentes da linguagem, do movimento! Os elementos da linguagem da dança, defendo, podem oferecer diferentes óculos para lermos criticamente diferentes culturas, espaços urbanos, a sociedade, enfim.

Por outro lado – e isso é tão ou mais importante do que "os óculos da dança para ler o mundo" – é fazer com que essa leitura enriqueça a própria dança e o dançar. O dançar, como vimos, tem importância *em si* nos processos de ensino e aprendizagem. A compreensão das diversas faces do mundo, este olhar para o mundo do ponto de vista dos componentes da linguagem da dança é necessário para nos tornarmos também produtores de dança diferenciados. O artista também se alimenta dessas leituras de mundo para criar seus trabalhos. Decorrente disso está que nosso olhar/viver o mundo não pode ser ingênuo – isso comprometerá a própria produção artística e vice-versa.

Trocando em miúdos: os processos criativos e interpretativos das crianças na escola também devem se alimentar de leituras de mundo ricas, ampliadas, consistentes. A dança pode oferecer óculos bem interessantes para isso. Ou seja, ao mesmo tempo em que a dança fornece óculos para diferentes leituras de mundo, são essas leituras de mundo que alimentam a própria dança na escola.

Em suma, "estar/construir ou não em diferentes níveis do espaço" pode ser uma questão simples, meramente técnica, conteudista. Esse, a meu ver, é um olhar ingênuo tanto para a Pedagogia quanto para a Arte. Conhecer os níveis do espaço diz respeito a compreender e perceber corporalmente o corpo/espaço para poder fazer escolhas, para atribuir múltiplos sentidos a um mesmo signo. Com isso, temos a possibilidade, também, de protagonizar a história.

Vejamos outros exemplos de relações possíveis entre a linguagem da dança e a sociedade. Em muitas situações sociais regidas pela etiqueta ocidental da classe "A", estar no chão (sentado, deitado, agachado) não é "fino", "polido", ou até mesmo "educado". Para essas mesmas classes sociais, expandir o movimento, abrir os braços, jogar a cabeça para trás também não é "aconselhável às pessoas educadas": reza a cartilha da etiqueta ocidental "classe A" que devemos, em situação social, conter os movimentos, manter membros perto do corpo, ou seja, corpo em movimento em kinesfera pequena.

Esse exemplo fala das relações entre o espaço pessoal de movimento e as expectativas de comportamento das diferentes classes sociais urbanas ocidentais. Fala também de como a vivência corporal espacial em diferentes classes sociais podem se tornar condicionamentos, constituidores de corpos, de pessoas – pessoas educadas nesse livro de etiquetas não conhecerão a kinesfera ampla, por exemplo. Nas aulas de dança, ao vivenciarmos – problematizando e articulando – conceitos de espaço pessoal em diferentes culturas, idades, religiões, classes sociais etc., poderemos compreender muitos desses condicionamentos, poderemos quebrá-los, se assim o desejarmos.

Nunca é demais lembrar que, não raramente, nos mesmos ambientes classe dita "A", "mulheres polidas" devem manter as pernas fechadas ao sentar (kinesfera pequena) e homens podem tranquilamente expandir a abertura de suas pernas (kinesfera ampla). As relações de etiqueta, e, portanto as regras de comportamento de classe, estão extremamente ligadas a questões de gênero e aos espaços de movimento. É muito interessante investigar, mesmo com as crianças pequenas, outras facetas deste universo da etiqueta social e, com isso, desvelar e descobrir outros universos, o dos condicionamentos corporais e das relações de poder que se impõem via movimento/classe social.

A compreensão de que podemos atribuir aos signos da linguagem da dança os mais diversos sentidos e que eles estão entrelaçados a questões de classe, gênero, idade, religião, sexualidade etc. faz com que, ao dançar, não sejamos ingênuos: poderemos, assim, escolher. Retomando essa ideia, escolher a kinesfera pequena, por exemplo, para compor uma dança não é uma questão técnica (ser capaz de fechar o corpo) ou meramente estética. Ao compreendermos a dança/arte também como dança/mundo poderemos ressignificar nossas escolhas corpóreo-espaciais tanto na arte quanto na vida.

Criticando e transformando as relações com o espaço

Já conversamos neste capítulo sobre a atitude crítica e transformadora como faces da proposta metodológica da Dança no Contexto que estamos trabalhando aqui. Como poderíamos criticar e transformar as relações corpo/espaço em ambiente escolar?

Uma das questões que acabamos de levantar são os condicionamentos corporais que se dão nas vivências espaciais pessoais e sociais. Da moradia à etiqueta, nossos corpos estão sendo constantemente formatados em função de relações sociais preestabelecidas, muitas vezes à nossa revelia. Criticar e transformar esses condicionamentos é bem importante se pretendemos ressignificar experiências, impregnar o mundo de sentidos, educar!

Muitas vezes não precisamos conversar em demasia, basta experimentar, fazer, incorporar conceitos para que possamos criticar e transformar. Com as crianças pequenas, a ação propriamente dita pode ser bem mais interessante no sentido de levantar questões, fazer com que compreendam as relações corpo/espaço e, principalmente, para que possam fazer escolhas conscientes, responsáveis, éticas.

Como vimos, nossos corpos são corpos socialmente constituídos e historicamente produzidos. Tudo aquilo que for transformado no corpo tem o potencial de interferir de alguma forma em contextos sociais mais amplos. Portanto, ao in*corpo*rar novas possibilidades e sentidos das relações corpo/espaço, as crianças estarão também in*corpo*rando novas possibilidades e sentidos de ser/estar no mundo. Dançar, produzir e fruir dança é uma forma de isso acontecer.

Vamos conversar um pouco sobre as relações corpo/espaço nas escolas? Este universo é vastíssimo, mas gostaria pelo menos de pontuar algumas questões que dizem respeito aos componentes da linguagem da dança que acabamos de estudar.

Não são poucas as escolas de Educação Infantil em que as aulas (atividades escolares) são sempre no mesmo lugar – as salas de aula. Para intensificar a mesmice e a imobilidade, carteiras são sempre distribuídas da mesma maneira, com cadeiras que não podem ser movidas em função do barulho. Isso pode parecer um exagero, mas trabalhemos com ele! Como ficam os corpos das crianças nessas situações? O que estamos realmente ensinando com esta distribuição espacial dos corpos designada pela organização da sala de aula?

Nessa situação cotidiana descrita acima, a criança não poderá expandir seus movimentos (kinesferas sempre pequenas), não poderá levantar (nível do espaço sempre médio), não poderá trocar de carteiras (não vivencia progressões espaciais), a atenção será voltada sempre para frente (somente uma direção do espaço é reconhecida). O mínimo que se pode dizer dessa situação é que estaremos drasticamente limitando as potencialidades do movimento humano dessas crianças, que estaremos privando as crianças de um conhecimento universal, que é o movimento. Para além disso, estaremos condicionando corpos, condicionando pessoas, condicionando cidadãos à imobilidade, a não percepção de mundo, à impossibilidade de escolhas conscientes e éticas.

As aulas de dança voltadas para a compreensão e relação corpo/espaço podem começar, justamente, desconstruindo a formatação das salas de aula: mover cadeiras e carteiras, construir trajetos com elas. Um dia presenciei uma aula de professora de EMEI em São Paulo que construiu túneis emparelhando as carteiras. Ao lado das carteiras, as cadeiras. As crianças experimentaram passar por baixo das carteiras (nível baixo do espaço), andar por cima das cadeiras (nível médio) e dançar por cima das mesas (nível alto do espaço da sala e do corpo). Com essa vivência exploratória, criou-se uma dança. Mais do que isso, com a exploração do espaço da sala que virou dança, as crianças puderam in*corpo*rar conceitos, compreender situações espaciais, vivenciar a transformação do espaço/corpo!

Fazer um diagnóstico prévio da movimentação das crianças em termos de espaços de movimento pode ser bem interessante. Como as crianças se movem em seus cotidianos escolares em relação aos níveis do espaço? Kinesferas? Trajetórias? Direções? Isso não quer dizer fazer uma listagem "do que elas sabem ou não sabem", mas sim: quais são suas preferências? Há crianças que se destacam pela variedade de movimento corpo/espaço? (ou ao contrário). As relações corpo/espaço mudam em função do ambiente? Das funções corporais? A partir de um diagnóstico inicial, proposições espaciais nas aulas de dança podem ser trabalhadas com mais critério e de forma mais significativa para as crianças.

Então, por que não transformar o espaço da sala de aula? Por que não fazer as atividades do parque na sala? Por que não ir ao parque para dançar os níveis do espaço utilizando os brinquedos? Por que não limitar o espaço da sala de aula (todos dançam em um cantinho pequeno) e gradativamente aumentá-lo? Por que não dançar nas filas? Com isso, estaremos trabalhando, já nos corpos que dançam, um "descondicionamento" espaço/corporal.

Experimentar outras possibilidades do corpo/espaço pessoal, geral e do meio faz com que o que foi condicionado socialmente seja revirado, questionado, criticado – nos corpos e não na retórica. Criar, inventar, produzir danças com essas possibilidades faz com que os condicionamentos espaço corporais possam ser também transformados.

Dinâmicas: como se move?

As atitudes, os impulsos, o ímpeto de dançar espaços promovem diferentes escolhas de qualidade de movimento, nos dizem *como* estamos dançando. Laban definiu as dinâmicas de movimento como esses impulsos internos de cada um para que o movimento se realize. O autor dizia que as dinâmicas de movimento, são, sobretudo, *atitudes* internas, conscientes ou não, que possibilitam a realização de qualquer movimento (Hackney, 2002). É por isso que as dinâmicas de movimento são frequentemente associadas à expressividade do ser humano.

Alguns autores compararam as dinâmicas de movimento do dançarino à palheta de cores de um pintor. Cada "cor" seria equivalente a um fator de movimento, a uma qualidade de esforço necessária à realização do movimento. Essas "cores" da dança – seus fatores de movimento – também se relacionam e se combinam entre si, gerando ideias, sentimentos, emoções, ou seja, impregnando de sentidos as danças criadas e interpretadas pelas crianças.

Na paleta da dança, temos quatro fatores definidos por Laban: peso, espaço, tempo e fluência. Somente como adendo, é importante não confundir o espaço como qualidade de movimento e o espaço como lugar construído pelo dançarino (espaço pessoal e geral). Agora vamos conversar sobre o espaço "qualitativo".

Cada um dos fatores de movimento polariza atitudes que estão em constante fluxo, suas características não são estáticas. O primeiro fator que a criança domina é a *fluência*, a continuidade de movimento, sua sucessão ou progressão. A criança logo aprende a se mover de forma livre (fluxo de movimento "solto") ou controlada (alguma restrição, contenção de movimento). O fator fluência é encarregado de integrar todos os outros fatores, relacionando-se às emoções de quem dança (Rengel, 2003).

O segundo fator do movimento que a criança domina é o *espaço*. O domínio do fator espaço faz com que sejamos capazes de direcionar nossa atenção: de forma direta, focada, ou indireta, multifocada. Em termos de expressividades, o fator espaço, relacionando-se à atenção de quem dança, diz respeito também à comunicação.

O fator *peso* pode gerar movimentos bem firmes, bem fortes; à medida que afrouxamos essa força, nossa musculatura vai mudando, transformando o movimento firme e forte em uma ação mais e mais leve – há sempre uma gradação, como em qualquer outro fator do movimento. Em termos de expressividades, o fator peso se relaciona às intenções, às sensações de quem dança.

Já o fator *tempo*, quarta atitude a ser in*corpo*rada pelas crianças, transita entre as possibilidades de sustentar o movimento, tendo uma característica prolongada, ou então de agir com urgência: um movimento súbito, repentino. Em termos de expressividades, o fator tempo se relaciona à decisão de quem dança, diz respeito também às nossas intuições.

Vamos enfatizar os processos de ensino e aprendizagem na construção de danças, as relações entre dança/*tempo*/*peso*/sociedade.

As dinâmicas do dançar: introdução

Pensando nas crianças de Educação Infantil, escolhi nessa faixa etária introduzir somente os fatores *tempo* e *peso*, ou as relações com duração/velocidade e força, como saberes a serem trabalhados em sala de aula com as crianças. Esses fatores são mais interessantes de serem trabalhados após os quatro anos de idade e requerem atenção do professor para que sejam in*corpo*rados de maneira significativa, ou seja, para que sejam impregnados de sentidos.

Embora esteja neste livro pinçando somente dois fatores de movimento para trabalho mais detalhado com as crianças, vimos que os quatro fatores de movimento (peso, espaço, tempo e fluência) são indissociáveis, eles estarão sempre presentes em diferentes combinações. Ou seja, só ocorre movimento porque há, necessariamente, integração das qualidades de tempo, espaço, peso e fluência. A escolha pelos fatores tempo e peso não quer dizer que o professor não possa trabalhar os outros fatores de movimento com as crianças. Fica a critério de cada professor, obviamente, avaliar esta questão, pois mesmo em uma faixa etária semelhante, grupos de crianças são muito diferentes.

O que gostaria de enfatizar aqui é que, ao ensinar os fatores *tempo* e *peso*, o professor não pode se esquecer de que essa fragmentação inicial obedece a uma ordem pedagógica e não a uma lógica do movimento humano. Para o professor, é necessário que conheça/in*corpo*re as atitudes, conceitos, relações possíveis *entre* os quatro fatores de movimento para que possa trabalhar com os alunos o que se propõe.

Comecemos pelas definições de fator *tempo*: essa é uma qualidade do movimento que não está ligada necessariamente ao tempo que se leva para fazer algo (tempo do relógio), mas sim a *como* faço corporalmente o que quero. É por isso que Laban chamou as dinâmicas de movimento de atitudes internas e não necessariamente de demarcações externas (como as do relógio, ou de uma ampulheta).

Alguns autores (*vide* Davies, 2003) sugerem que já é suficiente para uma criança na faixa de Educação Infantil identificar e dançar os movimentos de forma "mais rápida" ou "mais devagar". Ou seja, diferenciar aquilo que é "rápido" daquilo que para eles é "lento" já é um ganho na percepção consciente do movimento. Embora essas denominações não sejam exatamente precisas em relação ao que Laban minuciosamente estudou, podem ser interessantes num primeiro momento.

Para aprofundarmos mais as possibilidades do tempo do movimento, basta conversar/fazer com as crianças, por exemplo, sobre aquilo que é urgente, imediato, e perceber que nosso corpo se move de maneira súbita, repentina; do contrário, aquilo que não é urgente, pode ser feito de modo prolongado, requer sustentação do tempo de movimento. Estas são as duas qualidades básicas do fator tempo: sustentada e súbita.

O fator *peso* já diz respeito ao fluxo de energia do movimento, ou à sua "força". Está conectado ao tônus muscular necessário na execução de ações ou de criação de danças, são as mudanças na tensão muscular que também mudam o fluxo de energia do corpo no espaço, e portanto, a qualidade, a expressividade do movimento. O peso firme (também chamado de forte) se caracteriza pelo fluxo de movimento em que a tensão muscular é maior; o peso leve é o oposto complementar disso.

A seguir veremos vários exemplos e sugestões de como trabalhar esses fatores de movimento com as crianças de forma a criar redes de relações entre elas, a dança e a sociedade. Sempre bom lembrar que esses exemplos servem tão somente de referências para discussão, reflexão e pontos de partida para criação de outras proposições por parte do professor: outras proposições que estejam relacionadas aos seus Projetos Político Pedagógicos.

As dinâmicas de movimento: percorrendo caminhos
Problematizando as dinâmicas: perguntar, indagar, remexer

- Tempo

Tão importante quanto compreender corporalmente, sentir, perceber no corpo o fator de movimento *tempo* e suas possibilidades é compreender quando, como, com quem, em que contextos nos movemos de forma sustentada/súbita. Caso isso não aconteça, ou seja, caso não problematizemos a questão "tempo" essa possibilidade de movimento não passará de uma informação técnica e vazia para a criança.

Como a criança na Educação Infantil ainda está começando a compreender as relações temporais de sua existência (o básico: ontem, hoje, amanhã), daremos ênfase ao tempo de *movimento*, ou seja, às atitudes internas de *tempo* que geram movimento. Podemos conversar com as crianças sobre as coisas que fazem com pressa em casa, na escola, na rua: por que a pressa? O que acontece com nosso corpo quando estamos apressados? Muitas vezes – ou na maioria delas –, a pressa vem do mundo adulto que é condicionado e guiado pelo tempo externo do relógio. A pressa em geral leva à aceleração de movimento, ao tempo "rápido", à aceleração do batimento cardíaco, a uma respiração diferente.

Perceber as diferenças entre o tempo interno e um tempo externo é uma problematização bem interessante, mesmo que não seja simples. Por exemplo, nem sempre o tempo externo do relógio dita a pressa ou a aceleração do movimento: uma pancada de chuva forte em geral faz todo mundo começar a correr! O que mais motiva as crianças a acelerarem seus movimentos? Descubra com elas, observe-as em sala de aula, no parque, sugira que conversem entre si.

Podemos também olhar e observar o meio em termos de "rapidez" ou de "lentidão" – ou ainda, de urgência e sustentação. O que é rápido para as crianças? O que é lento? O que é urgente? O que não precisa de tanta urgência e pode ser feito de forma mais prolongada? Por quê?

Mesmo sem exigir respostas, perguntar "por que" é sempre bom para começar uma reflexão sobre nossos condicionamentos em relação aos tempos internos e externos. Por exemplo, crianças que moram em grandes centros urbanos em geral têm atitudes corporais mais repentinas, aceleradas. O oposto acontece em cidades menores, no campo, talvez em condomínios isolados. Em casa o tempo de movimento delas pode ser mais prolongado do que na escola. Vale perguntar às crianças como se sentem em diferentes espaços físicos e situações sociais em relação ao tempo de movimento.

Levantar perguntas com as crianças sobre o valor que se atribui ao tempo em nossa sociedade faz parte do processo de problematização sobre esse fator do movimento. O que é mais valorizado em seus cotidianos? Ou seja, o que é considerado "melhor"? O adulto "eficiente", "no pique", "rapidinho" ou aquele que medita, pensa, se move com mais lentidão? Em geral o segundo é tido como preguiçoso, e ser preguiçoso não é nada bom na sociedade em que vivemos. Mas será que o tempo de movimento prolongado diz respeito somente à preguiça? Que outros sentidos estão aí embutidos? Movimentos prolongados podem expressar atenção, reflexão, calma, não precipitação, por exemplo.

Dentro desse tópico, muito interessante pensar nas crianças ditas "hiperativas" e nos adultos "eficientes": ambos têm como característica a dominância do fator de movimento tempo acelerado/súbito. Na infância, temos tido nos últimos anos como princípio adulto – principalmente nas escolas – reprimir o comportamento "acelerado" (usarei o termo genérico para não tornar a discussão ainda mais complexa) das ditas crianças "hiperativas". Crianças que se movem rapidamente "dão muito trabalho", "fogem ao controle", dizem muitos professores. Já na idade adulta, paradoxalmente, exigem de nós que, socialmente, sejamos eficientíssimos, rápidos, urgentes, prestativos, hiperativos!

Os valores de uma sociedade urbana contemporânea tecnológica têm tomado os tempos de nossos corpos sem que necessariamente reflitamos sobre isso, sem que possamos fazer escolhas, muitas vezes sem que percebamos nossos corpos – só percebemos as doenças, a exaustão, o *stress* gerados pela exigência de hiperatividade. Será que, como adultos, não estamos também impondo esse tempo às crianças sem qualquer tipo de reflexão a respeito das relações eu/mundo? Problematizar, na proposta metodológica da Dança no Contexto, é também discutir valores, relativizá-los, conhecer outras possibilidades, estar consciente das impossibilidades. Problematizar o "tempo", enfim, é tarefa para uma vida toda!

Nos momentos de problematização, que, como dissemos, não devem se restringir às rodas de conversa iniciais das rotinas escolares, não podemos nos esquecer de problematizar a própria produção social da dança, suas histórias, seus conceitos.

Podemos voltar de outra forma ao estudo da "dança que inclui pausas". Isso pode ser um bom começo para introduzir o tema do *tempo sustentado*: que danças eles conhecem que são mais "lentas"? Eles gostam dessas danças? Por quê? Em geral as crianças iniciantes não se sentem necessariamente dançando se não estiverem freneticamente movendo seus corpos. Para muitas crianças, a rapidez define a dança.

Essa é também uma boa oportunidade para conversar sobre a história da dança: você sabia que o frevo vem de "fervendo", ou seja, de uma dança que ferve o corpo, portanto "rapidíssima"? Opostamente a essa fervura, historicamente, os balés de repertório clássicos têm sempre um momento de adágio, que vem do italiano "com cuidado", "vagarosamente". Buscar outros exemplos na história da dança e compartilhá-los com os alunos é uma forma de enriquecer percepções sobre suas danças ao mesmo tempo que aprofundamos reflexões sobre as dinâmicas sociais.

Para saber mais...

Frevo é um ritmo musical e uma dança brasileira com origem no estado de Pernambuco. Surgido na cidade de Recife no fim do século XIX, o frevo caracteriza-se pelo ritmo extremamente acelerado. Da junção da capoeira com o ritmo do frevo nasceu o passo, a dança do frevo. As sombrinhas coloridas são uma estilização das utilizadas inicialmente como armas de defesa

> dos passistas que remetem diretamente a luta, resistência e camuflagem, herdada da Capoeira e dos capoeiristas, que faziam uso de porretes ou cabos de velhos guarda-chuvas como arma contra grupos rivais. A dança do frevo pode ser de duas formas: quando a multidão dança, ou quando passistas realizam os passos mais difíceis, de forma acrobática. O frevo possui mais de 120 passos catalogados.

- Peso

Vamos pensar um pouco mais a respeito do *peso*? Como vimos, tão importante quanto compreender corporalmente, sentir, perceber no corpo o fator *peso* e suas possibilidades de movimento, é compreender quando, como, com quem, em que contextos nos movemos de maneira firme/leve. Caso isso não aconteça, ou seja, caso não problematizemos o fator de movimento *peso*, essa possibilidade de movimento não passará de uma informação técnica para a criança, provavelmente desprovida de sentidos.

Insisto aqui que os momentos de problematização são extremamente importantes para que a dança na escola não se torne um conjunto de passos ou então uma dança dita "livre", desenfreada, sem reflexão ou construção – "autoexpressiva". No entanto, as problematizações não podem "roubar o tempo" do dançar!

Às vezes, como professores iniciantes na dança, temos mais segurança nas verbalizações, pois já estamos mais familiarizados com as rodas de conversa, nos sentimos mais no "controle da turma" quando conversamos, perguntamos, geramos diálogos verbais entre as crianças. Sempre bom lembrar que a linguagem verbal faz parte e interage o tempo todo com a linguagem da dança, mas não pode substituí-la. Fica aqui o alerta para sabermos dosar a duração das problematizações verbais, mesmo que mais fáceis e/ou mais corriqueiras.

Para problematizarmos o fator de movimento *peso,* que tal, em primeiro lugar, pensarmos a respeito do peso genérico, aquele que reza o senso comum? Problematizar o senso comum, creio, é uma das formas mais interessantes para desconstruir pré conceitos, perceber as fragilidades da ignorância, relativizar as verdades universais sobre o corpo em movimento constituídas socialmente e produzidas historicamente. O senso comum atribui peso a "gordura" e gordura a algo extremamente ruim em todos os sentidos: saúde, estética, relacionamentos.

Podemos averiguar com as crianças por que a propaganda, por exemplo, está praticamente toda voltada para que, caso não sejamos esbeltos – valor social – percamos "peso" (mesmo sabendo desta imprecisão em relação aos conceitos da física). O mundo urbano atual é em grande parte voltado para o *light*/leve – da alimentação as propostas de lazer, por que será? Não se trata de fazer a defesa ou o ataque à obesidade, mas sim de perceber o mundo em que vivemos, para podermos fazer escolhas conscientes e éticas. O mundo *light*, "magro" está se tornando uma ditadura para nossos corpos, não está? Nas ditaduras, não temos escolhas.

Dos produtos às propagandas, vamos socialmente perpetuando a supervalorização do leve, mas, contraditoriamente, também associando a leveza ao "superficial", ao "fácil", ao "bobo". Interessante, não é mesmo? Quantas vezes não dizemos que um filme é "levezinho", querendo dizer que é banal? Ao contrário, uma "tese de peso" é extremamente importante, com conteúdo. Vivemos em um mundo de contradições e conflitos. Se as crianças puderem começar a compreender isso *dançando*, já é um grande avanço para que se insiram no mundo de forma diferenciada.

O que mais poderíamos indagar, perguntar, remexer sobre o peso "firme" e o peso "leve" nos cotidianos das crianças para que possam dançar suas danças de maneira mais significativa? O que mais podemos observar, conversar sobre, para que, criando interfaces, as crianças possam se perceber de forma diferente no mundo? Ou seja, para que possam exercer sua cidadania corporal, parafraseando Paulo Freire, de forma mais justa, mais ética, mais "bela"?

Vamos pensar um pouco a respeito do fator de movimento *peso* e a produção social da dança? Obviamente não podemos deixar de conversar sobre o balé clássico, exemplo paradigmático da leveza na dança ocidental. Mas é interessante observar com as crianças que as danças urbanas, por exemplo, em suas diferentes modalidades e estilos, podem ser extremamente leves ou extremamente firmes. As danças dos passistas do samba – homens e mulheres – são extremamente leves, já a Capoeira regional, assim como algumas danças indígenas, puxa bastante para o peso firme.

Para saber mais...

As *danças urbanas* são originárias dos Estados Unidos, também chamadas de "danças de rua". Há diferentes estilos de danças urbanas como o *Funk, Locking, Popping, Hip Hop, Freestyle, House* etc. em várias subdivisões. O que caracterizou as *danças urbanas* em sua origem foi seu afastamento das danças acadêmicas (Balé Clássico, Dança Moderna, Contemporânea). As danças urbanas são por muitos caracterizadas como um movimento de jovens das periferias das grandes cidades que, na dança, encontram uma forma de inserção social. Atualmente, há muitas academias de dança de classe média que ensinam as danças urbanas, imprimindo a elas um aspecto mais técnico e menos político.

A contextualização histórica e social das danças socialmente produzidas pode gerar perguntas e respostas (para novas perguntas) bem interessantes em relação às escolhas sociais e históricas das danças que as crianças conhecem ou estão conhecendo. Os golpes firmes da capoeira vêm da história da própria Capoeira, que era uma luta contra a dominação branca. A leveza do balé clássico, por exemplo, tem forte relação com a vontade da realeza francesa de "alcançar a divindade superior".

Em momentos de problematização, podemos também articular conhecimento, nesse caso, o conhecimento da história da dança. Assim, poderemos compreender aspectos diferentes das danças socialmente produzidas para que lancemos novas perguntas – e geremos novas danças. Não basta, no entanto "contar as histórias", é preciso também problematizá-las. Proponho que a história da dança pode ser problematizada a partir dos elementos da linguagem da dança; a história pode ser problematizada *dançando-a,* e não somente assistindo, lendo, conversando sobre ela (*vide* também Marques, 2010).

Articulando as dinâmicas do movimento: conectar, tecer redes

- Relações dinâmicas/dança-arte

a) Dançando o tempo do movimento

Todas as sugestões de proposição para aulas que fizemos até agora neste capítulo que dizem respeito mais diretamente aos componentes *corpo* e *espaço* de movimento podem ser incrementadas pelo fator de movimento *tempo*. Sugiro que sejam retomadas as proposições anteriores do ponto de vista do tempo para que possamos aprofundar e ampliar as experiências de dança dos alunos nas relações corpo/espaço.

Como vimos, para que o corpo se mova no espaço, uma dinâmica de movimento se faz presente. Podemos deixar aos condicionamentos, às preferências e facilidades a escolha destas dinâmicas. Em situação de ensino e aprendizagem, no entanto, é interessante que, conhecendo as diversas possibilidades das dinâmicas de movimento, as crianças possam fazer escolhas em seus processos criativos e interpretativos. Retomar proposições já trabalhadas com outras intenções pode motivar as crianças a saírem dos movimentos convencionais, de suas afinidades e facilidades corporais. Por exemplo, há crianças que têm mais afinidade e facilidade com o fator tempo súbito. Caso não trabalhemos o tempo prolongado de forma consciente, dançarão sempre da mesma maneira, rapidamente.

Vamos exemplificar? Comecemos nos lembrando da proposição referente aos níveis do espaço de movimento, as crianças gerando oposições de níveis de movimento com os olhos fixos uma na outra. Em geral, se a comanda for "níveis", cada dupla imprimirá um tempo ao jogo – uns serão mais acelerados, outros menos. O tempo da dança, se não orientado pelo professor, será o tempo cotidiano dos corpos dos alunos, do "jeito", "afinidade", condicionamentos de cada um. Por exemplo, um aluno mais agitado, provavelmente, se não orientado, dançará com mais rapidez, acelerando sempre sua composição. Ou seja, imprimirá à dança uma dinâmica que seu corpo já conhece, está acostumado, "gosta mais".

Já tendo dominado o trânsito do corpo no espaço nas transições de níveis, os alunos podem trabalhar de forma mais consciente o fator de movimento *tempo*: se o professor quiser observar quais as tendências socialmente construídas de cada aluno, poderá motivá-los a dançar com a dinâmica oposta. Por exemplo, se um aluno tem a tendência de dançar sempre mais devagar, o professor pode desafiá-lo a acelerar seu movimento e vice-versa.

Podemos fazer isso com as proposições relacionadas às progressões, kinesferas, articulações, ações corporais etc. Podemos temperá-las de tempo! O importante aqui é que as crianças percebam em seus corpos o que acontece quando mudam de dinâmica, quando escolhem o que mais gostam, quando seguem a tendência do colega, quando não fazem o que têm mais facilidade.

Outra coisa importante para "temperar de tempo" os movimentos criados pelas crianças é que compreendam a relatividade desse tempo. Ou seja, uma pessoa é sempre desacelerada "em relação a". Vejamos com objetos para ficar mais simples: o movimento do liquidificador é rápido se comparado ao de uma mão espremendo uma laranja; no entanto, é bem lento em relação ao movimento de uma turbina de avião. Nossa leitura de movimento no campo das dinâmicas depende das referências, dos parâmetros que temos e se fazem presentes.

Uma excelente forma de in*corpo*rarmos esses conceitos é sugerir às crianças jogos de oposição "em relação a". Por exemplo, podemos escolher um aluno que será o "parâmetro" para a dança de todos os outros. Ele deve começar dançando muito lentamente. Se esse aluno está dançando lentamente, todos os outros da sala devem dançar de maneira oposta, ou seja, rapidamente. Se o "aluno parâmetro" acelerar, todos os outros deverão desacelerar e assim por diante. Nessa dança coletiva, ao comando do professor, vários alunos poderão ser o "parâmetro de tempo" para os demais, ou seja, até que todos tenham tido a experiência de servir como parâmetro, como uma referência para a dança dos outros.

Após – ou antes – da in*corpo*ração do conceito de tempo, podemos assistir a trabalhos de dança produzidos socialmente com os alunos, identificando e discutindo escolhas dos coreógrafos em relação ao fator de movimento *tempo*. Sempre acho mais interessante que nos momentos de apreciação as crianças já tenham algum tipo de referencial corporal. Ou seja, que, ao assistirem a um DVD ou a um espetáculo de dança, as crianças já tenham trabalhado em seus corpos aquilo que vão ver. Assim, podemos traçar relações diretas entre sentir e visualizar, dois elementos cruciais para a formação do cidadão dançante. Mas é claro que cada professor deve escolher quando assistir a danças com seus alunos. Assistir a um espetáculo antes de começar os trabalhos pode ser extremamente estimulante para as crianças. Mas isso, obviamente, fica a critério de cada professor.

Outra proposição bem interessante e que as crianças gostam muito é o jogo do espelho. De frente uma para a outra, é escolhido um condutor (depois há revezamento). O condutor deve inventar danças revezando entre movimentos prolongados e repentinos. O espelho (criança que não está conduzindo a dança) trata de colocar/sentir em seu corpo as proposições do condutor. É importante conversar com os alunos que não se trata de uma mera imitação ou cópia, mas sim de tentar "fazer como" e perceber em si mesmo a maneira como o movimento criado pelo colega se realiza. O divertido nessa proposta é que o espelho não pode "bobear" quando o condutor passa rapidamente de um fator de tempo a outro – do prolongado ao repentino, voltando para o prolongado e assim por diante.

Conversar sobre os diferentes papéis – o de condutor e o de conduzido – é um desdobramento importante para essa proposta, pois faz com que as crianças comecem a perceber esses dois papéis sociais tão comuns na condução das dinâmicas das interações sociais. Quando seu corpo é conduzido no dia a dia? Quando ele conduz? Onde? É sempre do mesmo jeito? Podemos indagar entre proposições. Ao perguntar, indagar, questionar sobre os papéis sociais e a dança dançada, a face "problematização" da quadra articuladora da Dança no Contexto pode se fazer presente em momentos de articulação do conhecimento: não há uma ordem pré-estabelecida a ser seguida nessa proposta metodológica.

Caso a opção do professor seja pela incorporação de repertórios de danças já conhecidas, como a Capoeira, por exemplo, sugiro que o viés do tempo seja trabalhado: a Capoeira, em sua dinâmica específica, faz com que diferentes fatores de tempo entrem em jogo. Os ataques devem surpreender, ou seja, devem ser repentinos. As gingas podem ser mais desaceleradas, dependendo das intenções de quem joga. O domínio do fator tempo, no entanto, para que o jogo se realize, é essencial. As crianças, ao dançarem a Capoeira, podem também jogar conscientemente com o fator de movimento *tempo*.

- Dançando o peso do movimento

Assim como sugerimos que as proposições relacionadas ao *corpo* e ao *espaço* fossem "temperadas de tempo", gostaria aqui de conversar sobre como "temperá-las também de peso". Os corpos no espaço podem ser constituídos de peso na construção das danças das crianças. Isso quer dizer, por exemplo, propor deslocamentos (componente de *espaço pessoal*) muito leves, transição nos níveis com certo impacto de força, jogar a dança do espelho pensando no peso do corpo – quem comanda escolhe a qualidade de peso que quer que o outro experimente e assim por diante.

As brincadeiras também são sempre um bom começo para experimentar alguns signos da dança. Mas, se queremos dançar, não podemos parar nelas, temos de in*corpo*rar as possibilidades trazidas pela brincadeira e partir para um processo de criação e/ou de interpretação. O cabo de guerra é uma excelente forma de experimentar no corpo o fator de movimento peso firme, por exemplo; já o "pega-vareta" exige, além de gestual bem definido, a experiência com o fator de movimento *peso leve* (quem coloca muita força não pega a vareta certa). Do ponto de vista da dança, o mais interessante, creio, é o professor se lembrar das brincadeiras que já propõe às crianças como rotinas e ter o olhar da linguagem da dança para elas. Transformar a brincadeira em dança é somente uma possibilidade, não uma necessidade, pois a brincadeira já tem o seu valor em si em contexto educacional.

Talvez uma das formas mais concretas de os alunos perceberem, sentirem e incorporarem o fator de movimento *peso* é trabalhar novamente com objetos intermediários (materiais). Podemos voltar à proposição das bexigas, por exemplo, mas agora enfatizando a qualidade de peso do movimento. Ou seja, podemos dançar com as bexigas sentindo no corpo sua leveza. Isso pode ser feito também com tules (grandes pedaços ou pequenos quadrados para que os alunos possam manipulá-los), penas, folhas de papel de seda etc. A proposta é a de trazer para o corpo o mesmo peso que o objeto sugere, não o contrário.

Aqui é necessária uma observação: nem sempre o uso dos objetos intermediários garante que as crianças in*corpo*rem os fatores de movimento que queremos que elas experimentem. É absolutamente possível bater com força em uma bexiga, por exemplo. Também é possível puxar o tule com força, ou torcê-lo bem apertadinho. Aquilo que "era para ser leve" fica fortíssimo no movimento/corpo das crianças.

Para que a intermediação do objeto cumpra realmente seu papel de facilitador na incorporação dos fatores de movimento *peso* e *tempo*, o professor precisa deixar bem claro suas comandas: naquele momento, propõe que o movimento das crianças siga, compreenda, tente fazer a mesma "leveza" das bexigas, por exemplo.

Essa discussão/fazer em si já é bem rica com as crianças: como as bexigas se movem? De forma leve ou firme? É possível experimentar as duas possibilidades: começar dando pancadas para depois "tirar o peso" e perceber o que a bexiga pode gerar em cada movimento. Assim trabalharemos também com o fluxo de movimentos, com as diferentes nuances do fator de movimento *peso* – nada é estático, único, inflexível no mundo!

No caso da dança com o papel de seda, essa experiência também é possível, pois as crianças podem experimentar as duas qualidades de peso com o mesmo objeto intermediário: ao dançar manipulando o papel aberto – não deixar que o papel caia no chão, por exemplo, é uma boa dica para o movimento virar dança –, tem possibilidade de perceber o fator de movimento *peso leve* em seu corpo, pode criar trânsitos de espaços de movimento a partir dessa leveza sugerida pelo papel de seda. Ao final da atividade, o professor pode pedir que todos amassem o papel com força, percebendo a diferença de peso (força) que necessitam para tal proposta – este *peso* pode ser qualificado como firme. Vamos dançar com esse *peso* também?

Acho sempre interessante que, após a experiência com o objeto intermediário, ele seja deixado de lado para que os alunos tentem realmente in*corpo*rar e corporeificar os fatores de movimento por eles mesmos, sem estímulo externo imediato. Mas como já vimos, os objetos também fazem parte da arte da dança, são os objetos cênicos. Os objetos cênicos podem simplesmente estar estáticos no cenário de uma peça ou, ainda, dançar com os intérpretes. Isso pode ser facilmente trabalhado com as crianças.

Vale a pena dirigir o olhar das crianças para danças produzidas socialmente e com um olhar direcionado para objetos intermediários. Nas danças brasileiras, tipicamente temos os guarda-chuvas do frevo e os bastões do Maculelê. Há muitos coreógrafos contemporâneos que trabalham com objetos em seus espetáculos. O espetáculo *Mapas Urbanos*, do Caleidos Cia de Dança, de São Paulo, tem uma cena com guarda-chuvas por exemplo, dançando de forma totalmente diferente daquela do Frevo.

Mapas Urbanos do Caleidos Cia. de Dança/SP
Fonte: Arquivo pessoal da autora

Para saber mais...

O *Maculelê* é uma dança de origem afro-brasileira e indígena que em sua origem era uma luta aramada. Nas versões que se conhece, Maculelê era um índio que foi obrigado a defender seu povoado e que, na ausência de armas, usou bastões para isso. O *Maculelê* conta a resistência solitária e a guerra improvisada contra rivais.

- Relações dinâmicas/outras áreas de conhecimento

Faz parte da proposta que aqui desenvolvemos tecer redes de relações entre o conhecimento específico da dança e outras áreas de conhecimento também trabalhadas na Educação Infantil. Neste livro, tomo a linguagem da dança como forma de ler o mundo, de fazer relações, de compreender-se e inserir-se criticamente no complexo multifacetado que é nossa sociedade. Por isso, vamos agora ver algumas possibilidades de relacionar o estudo e a experiência com as dinâmicas de movimento em seus fatores de movimento *tempo* e *peso* com outras linguagens.

O mais óbvio e direto talvez seja a relação da dança com as Ciências. Crianças, como já mencionamos anteriormente, amam animais; aliás, compreender e conhecer os animais faz parte do currículo de Educação Infantil. Por que não conhecê-los *também* tendo os signos da linguagem da dança para "ler" esse conteúdo? Já sugerimos anteriormente que trabalhássemos os animais do ponto de vista do espaço de movimento, agora, proponho que possamos agrupar os animas do ponto de vista dos fatores de movimento *tempo* e *peso*.

O coelho provavelmente aparecerá rapidamente! Mas o coelho é sempre repentino, acelerado? E quando o coelho está se alimentando, ele não domina o fator tempo sustentado? Quando é necessário que o coelho tome uma atitude súbita? O salto do coelho é em geral bem leve, porque é pequeno, mas os saltos dos guepardos são enormes e também são leves! Fica a critério do professor desdobrar essa proposta em muitas outras, comparando, aprofundando características de animais diferentes.

Sabemos que "dançar os animais" é uma prática corriqueira nas aulas de Educação Infantil. Na verdade, as crianças acabam mais imitando os movimentos dos animais conhecidos pelo senso comum do que dançando-os: a cobra se arrasta, o cachorro fica de quatro... mas o que diferencia (em termos de dinâmica de movimento) o cachorro do gato e do elefante, que também são quadrúpedes? O que estou levantando aqui é que não basta tentar imitar os animais, podemos e devemos compreender, refletir, aprofundar conhecimentos sobre o movimento dos animais para que "os bichos sejam dançados" de forma mais ampla, detalhada, artística.

Há tanto o que relacionar entre os fatores de movimento *tempo* e *peso* com as outras linguagens artísticas! A título de exemplo, *tempo* é uma característica indissociável da música. Uma das pesquisas corporais das crianças em suas composições pode ser em relação ao andamento de diferentes músicas. Podemos sugerir que "dancem conforme a música" (o andamento da música) e também que "não dancem conforme a música" – se a música é desacelerada, devem fazer movimentos acelerados, por exemplo.

Na proposta metodológica da Dança no Contexto, nenhuma destas proposições deve passar sem uma conversa, uma problematização no corpo – por exemplo: em geral, no mundo em que vivemos, só dançamos conforme a música em seu sentido explícito e também figurado. Nos cotidianos, o que rege a dança que dançamos? Algo externo (música), algo interno (meus desejos) ou a relação entre externo/interno? Certamente trabalhar as relações entre externo/interno é mais condizente com uma proposta de dança para/com a cidadania.

Você já reparou que os trabalhos de Calder se movem no espaço de forma lenta e leve? Trabalhar com as artes cinéticas (que se movem) pode ser bem interessante para estabelecer relações significativas entre as Artes Visuais e a Dança no que diz respeito aos fatores de movimento *tempo* e *peso*.

Constellation with Orange Avil
Fonte: Obra de Alexander Clader

Compreender as personagens de uma história em função de seu *tempo* e de seu *peso* pode criar um elo bem interessante entre a linguagem da dança e a linguagem verbal. O clássico dos clássicos, logicamente, é a fábula da lebre ("rápida") e da tartaruga ("lenta"). Mas podemos ir além e investigar com as próprias crianças características das personagens dos textos, mesmo não descritas em termos de tempo e peso pelo autor. A título de exemplo, o coelho do livro *Alice no País das Maravilhas* domina – e se caracteriza por – o tempo acelerado, os movimentos repentinos. Já o lobo de "*Os Três Porquinhos*", deve dominar o peso firme, caso contrário não conseguirá destruir as casas.

Nessas leituras, além de caracterizar as personagens em termos dos fatores de movimento *peso* e *tempo* a partir das narrativas, não podemos perder a oportunidade de também problematizarmos situações. Por exemplo, o lobo é "mau", seu peso é "firme". Todo mundo que domina o peso "firme" (todo mundo que é "forte") é também "mau"?! O que aconteceria se o lobo mau não dominasse o fator *peso firme*? Quero dizer: o que aconteceria se o lobo mau fosse fraquinho?

A "passagem" da história narrada para a vivência de dança não se trata, portanto, de "coreografar" a história, de inventar uma "dancinha" para o lobo, outra para os porquinhos. Trata-se de, ao ler do ponto de vista da dança o personagem do lobo, conseguir in*corpo*rar a força (peso firme) – e compreender que em outras situações sociais a força não está necessariamente ligada à maldade!

Aqui trato somente de exemplos. Creio que a abordagem da linguagem da dança para leitura corporal das personagens pode enriquecer a leitura das palavras, pode impregnar de outros sentidos aquilo que estão lendo, sem, contudo, substituir o trabalho específico com a linguagem verbal.

Em suma, sugiro que nos processos de ensino e aprendizagem da dança na Educação Infantil sejam criadas interfaces, relações, enfim, articulação de conhecimento que pode se dar por meio dos signos das linguagens. Vamos tentar?

- Relações dinâmicas/sociedade

Nesse ponto de leitura deste livro, talvez não precisasse mais dar exemplos e discutir a importância das relações que podem ser estabelecidas entre a dança e a sociedade tendo como elos os componentes da linguagem da dança. No entanto, tenho receio, como tenho visto, de que essa proposta se torne uma abstração – um medo, um receio, um discurso de "isso é viagem". Na verdade, para que possamos estabelecer vínculos significativos entre a linguagem da dança e as dinâmicas das interações sociais, precisamos conhecer/in*corpo*rar a própria dança.

Desde 1989, quando comecei a esboçar as primeiras trilhas da proposta metodológica da Dança no Contexto, tenho percebido que a resistência em relacionar as propostas de dança de sala de aula com as questões sociais foram menos de ordem ideológica (em geral professores concordam que a relações sala de aula/ sociedade são importantes, vamos dizer assim) e mais de ordem de conhecimento.

Em geral, professores que resistem a essa proposta é porque desconhecem em seus corpos a linguagem da dança, suas possibilidades, suas redes de relações. A ignorância é, sem dúvida, o carro chefe da resistência – e da maledicência. Caso não reflitamos, conheçamos, incorporemos frequentemos o universo da dança, as relações dessa arte com a sociedade também serão bastante frágeis. Na verdade, isso pode ser dito a respeito de qualquer linguagem, artística ou não.

Sem dúvida estamos diante novamente da questão eterna nesse país que é a formação de professores que, na maioria dos casos, não inclui a dança em seus currículos. Mas estamos diante também de professores que nem sempre se dispõem a dar continuidade à sua formação – param de estudar, de ler, frequentam cursos por mera pontuação na carreira, não se interessam por aprender coisas novas. Essa proposta que estamos desenvolvendo aqui pode ser "nova" para muitos, mas certamente não é impossível para professores ávidos de conhecimento e dispostos a explorar o "novo".

Felizmente tenho convivido com muitos desses professores ávidos de conhecimento. Tenho tido o privilégio de discutir, conversar, dançar com milhares deles que já trabalham a proposta metodológica da Dança no Contexto em suas salas de aula, retroalimentando-me com suas observações, ideias, riquíssimas experiências.

É por isso que, mais uma vez, insisto: do meu ponto de vista, a dança, por ser linguagem artística, não pode ser tratada isoladamente em sala de aula. A dança não é um conjunto de passos a serem reproduzidos automaticamente com as crianças. A dança não é uma "atividade" escolar – é conhecimento e, como conhecimento, deve traçar relações com o mundo. Dito isso...

Nossos cotidianos, como vimos, são revestidos e entrelaçados de tempos e pesos. O tempo do relógio nos domina, um tempo externo, de certa forma arbitrário – porém necessário para uma mínima organização social. Para trazer o senso comum: em grandes centros urbanos nos tornamos "escravos do relógio", ou seja, de um tempo objetivo que, muitas vezes, vai de encontro aos tempos subjetivos (nossas necessidades e desejos internos de pausa, de descanso, de sustentação do tempo).

Conversar com as crianças sobre o "tempo objetivo do relógio" talvez seja uma abstração (elas estão, nessa idade, começando a entender a relação entre seus fazeres e as horas, os minutos). Mas podemos ter com elas momentos de observação: por que não observar os adultos e suas relações com o relógio? Por que não observar e reparar com elas o quanto seus desejos corporais são interrompidos por um tempo à parte (o adulto de relógio)? As crianças sempre nos perguntam: por que é hora de dormir se não estou com sono? Por que devo almoçar se não estou com fome? Por que vamos embora se a brincadeira está tão legal?

Compreender que existe um tempo corporal próprio e um tempo externo pode ser bem interessante para o próprio dançar, pois a arte, em si, é um constante jogo entre tempos subjetivos (do artista) e objetivos (do público).

As crianças podem também conversar sobre o tempo de diferentes lugares: da cidade, da praia, do campo (por que não perguntar aos pais/cuidadores?). O mesmo se dá em relação aos dias da semana e aos feriados, às férias. Como são as férias sem as rotinas escolares, que marcam um tempo objetivo?

Diferentes culturas têm diferentes relações com o tempo. Se temos em nossas salas de aula descendentes de diferentes regiões do país e também do mundo, essa discussão pode ser bem profícua. Para o professor, vale observar, por exemplo, porque costumamos dizer que "os descendentes de japoneses são em geral mais calmos" (e isso é valorizadíssimo nas salas de aula de Educação Infantil), ou seja, têm um tempo prolongado e um peso leve. Já os nordestinos em São Paulo, na mesma dinâmica, comumente são chamados pejorativa e preconceituosamente de "preguiçosos". Por que será?

As diferentes faixas etárias também carregam marcas de tempo: crianças "agitadas"; adolescentes "paradões, preguiçosos"; adultos de hoje são "sedentários, porém elétricos"; idosos "paradões, cansados". Serão estas falas preconceituosas? Adultos da dita terceira idade hoje são muitas vezes extremamente dispostos e dominam o tempo genérico "rápido". Quantas crianças estão ficando "preguiçosas", sem vontade, "lentas"? Escolher o momento propício para conversar sobre isso e, assim, traçar redes de relações com o que as crianças vivem/ouvem no dia a dia não é nada complexo, muito menos impossível.

Enfim, talvez o tópico dinâmicas de movimento seja um prato cheio para discutir, compreender e desconstruir preconceitos. Os preconceitos sobre as relações de gênero, por exemplo.

Podemos conversar com as crianças sobre a força, sobre o "ser forte", "ser fraco" do ponto de vista muscular. A força muscular também é hipervalorizada nas sociedades ocidentais. Há, sem sombra de dúvida, uma "ditadura do forte" que implica até mesmo uma questão de gênero bastante complexa. Mulheres em geral são "fracas" e homens "fortes", reza o senso comum. Assim, para começar, o mesmo senso comum afirma implicitamente que "as mulheres devem depender dos homens". Não quero estender muito essa discussão aqui, mas somente levantar que os preconceitos sobre as relações de gênero estão ligadíssimos às percepções do senso comum em relação ao fator *peso* do movimento.

Entre as crianças, essas questões começam a aparecer muito cedo: a leveza, associada social e historicamente às mulheres é desvalorizada, pois as mulheres são socialmente desvalorizadas e vice-versa. Em muitos casos, não dominar o fator de movimento *peso firme* como os homens (questão inicialmente genética) é visto como sinal de fraqueza, fragilidade, deficiência. Ao contrário disso, desde pequenos já vemos as crianças preconceituosamente chamarem meninas com mais força de "mulher macho", reproduzindo e ao mesmo tempo introjetando os preconceitos dos pais. Todas essas questões, e ainda outras, podem ser problematizadas com as crianças quando estudamos as relações entre o fator *peso* e as questões sociais.

Criticando e transformando as qualidades de movimento

Já conversamos no item anterior sobre a crítica e a transformação no que diz respeito aos condicionamentos sociais. Isso certamente pode ser feito em relação aos fatores de movimento *tempo* e *peso*. Já fizemos, inclusive, essa discussão quando tratamos da problematização e da articulação de conhecimento. Não vou retomar essa discussão aqui, somente lembrar novamente que nossos corpos são extremamente condicionados socialmente em relação a esses dois fatores de movimento e que, em situação escolar, *dançando*, podemos nos dar conta disso e fazer escolhas sobre como queremos viver em sociedade.

Aquilo que podemos transformar em nossos corpos transformado está. Ou seja, danças que possibilitam crítica e transformação nos corpos das crianças já estão transformando contextos sociais, mesmo que indiretamente. A possibilidade de conversar com as crianças, de que elas conversem entre si e descubram o grande leque de possibilidades em relação às vivências temporais e percepções em relação aos fatores de movimento *peso* e *tempo* já é em si uma transformação em ambiente escolar.

Ouso aqui sugerir que devemos repensar as rotinas escolares em função das relações entre vivências objetivas e subjetivas de tempo. Esse tem sido um grande tema nas propostas de Educação Infantil que não faz sentido tentar abarcar como um todo neste livro. Gostaria somente de dirigir essa discussão para os corpos das crianças pequenas: o tempo das crianças é predominantemente subjetivo – tempo de quereres, de desejos, de necessidades corporais. O tempo objetivo pode ser tomado, principalmente pelas crianças menores, como uma grande arbitrariedade por parte dos adultos. Aquilo que sentem como tempo interno (continuar desenhando e pintando, não parar de correr, não querer ir para a cama, por exemplo) é constantemente interrompido pela voz adulta do "está na hora de...".

Em contrapartida, ao deixar de introduzir diferentes nuances e possibilidade de vivências do fator de movimento *tempo* e deixar que vivam somente suas percepções internas, estaremos educando seres altamente autocentrados – até mesmo egoístas e inoportunos – em relação à vida em sociedade. É importante que as crianças saibam e consigam também dialogar com o tempo "de fora", seja ele o tempo objetivo do relógio ou o subjetivo do colega.

Na verdade, a compreensão do "tempo do outro" é de grande valia nessa etapa de escolarização. Conseguir começar a relacionar "o meu tempo" e o "tempo do outro" pode propiciar às crianças um olhar mais crítico e transformador sobre o mundo. Pensando em pequenas rotinas, o primeiro da fila de um restaurante, por exemplo, que demora horas para escolher um prato no cardápio certamente não se deu conta de que seu "tempo corporal sustentado", mesmo que necessário e justificável, pode estar incomodando uma infinidade de outras pessoas, apressadas ou não, que o estão esperando se servir.

Essas – aparentemente pequenas – transformações de vivência de tempo também podem ser criticadas (isto é, ampliadas, aprofundadas, clareadas) em relação às vivências de peso. Já conversamos, por exemplo, sobre olhar criticamente a propaganda, os corpos ideais, a supremacia da dita força masculina e assim por diante.

Para finalizar este livro, gostaria de conversar mais sobre a transformação. Quando digo que as ações cotidianas são transformações "aparentemente pequenas" (por exemplo, a questão do olhar para o outro em uma fila) refiro-me às expectativas de quem ouve a palavra "transformação" em situação educacional. A rubrica transformação pode assustar (e tem assustado) aqueles professores que compreendem transformação somente como lutas, passeatas, revoluções, lutas armadas, "radicalismos". Pode assustar também os professores "moderninhos", que entendem a transformação social como algo datado, antigo, "da outra geração".

Vimos que do ponto de vista desta proposta, a transformação é uma oportunidade para reordenar, reconfigurar, "atualizar" (no sentido da informática), remapear as situações sociais em diálogo com o fazer/pensar dança. "Os processos de transformação podem criar espaços, respiros, aberturas para que outros mapas sejam desenhados; podem seguir múltiplos caminhos para que os atuais sejam reconectados de outros modos" (Marques, 2010, p. 222).

Os *processos criativos* de dança já são, em si, transformadores – e isso não é "datado", muito menos "bélico". O estabelecimento de *redes de relações* é extremamente transformador, sem que seja necessariamente "velho" (muito pelo contrário) ou "partidário". A *atribuição de sentidos* múltiplos aos processos criativos e às redes de relações não diz respeito a qualquer luta armada, mas sim à possibilidade de termos uma *com-vivência* social justa e ética, e isso não é necessariamente "antigo", mas também é transformador. Justiça e ética só se tornarão "antigos" quando isso for uma realidade de fato em nosso país.

Assim, sugiro que as propostas de trabalho com as crianças voltadas para os fatores *tempo* e *peso* de movimento – assim como para qualquer outro componente da linguagem da dança – estejam necessariamente envolvidas por processos criativos – as crianças podem gerar danças individualmente, em duplas, em grupos, em diferentes espaços da escola, com uma vasta gama de possibilidades corporais. Os processos criativos podem vir de ou gerar curiosidade para conhecer outros artistas da dança que também trabalham com tempos e pesos.

Em segundo lugar, proponho que as redes de relações sejam constantes, intensas, multifacetadas (*vide* Marques, 2010). Relações entre as crianças e a dança/arte, relações entre o conhecimento da dança, relações possíveis da dança com outras áreas do currículo. Relações entre o que as crianças estão dançando e os processos sociais. Enfim, em sala de aula podemos proporcionar e propor às crianças que dancem "em relação a" – em relação a si mesmas, aos outros, ao meio – e não somente "por meio de".

Em terceiro lugar, e assim voltamos ao princípio deste livro, para ressignificá-lo: transformar é saber/fazer dança que não é só movimento, é relação. Dança que não é só brincadeira, é arte.

Dança que não é só repertório, é linguagem. Dança que não é só divertimento, é conhecimento. Ao atribuir outros/vários sentidos às danças que dançamos, pensamos e assistimos; estamos também atribuindo outros/vários sentidos às relações corpo/mundo, estamos reordenando – transformando – o mundo.

QUADRO SÍNTESE

Vimos neste capítulo que:

- há quatro chaves iniciais para compreendermos e incorporamos a linguagem da dança: *corpo* em partes/todo, locomoção /pausa;

- cada uma destas chaves pode se desdobrar e se relacionar com muitos componentes da linguagem da dança que devem ser trabalhados ao longo da escolarização da criança (0-5 anos);

- o componente *corpo* pode ser ensinado e aprendido, compreendendo-se as *ações corporais* e suas relações com as *formas corporais*;

- o componente *espaço* pode ser ensinado e aprendido nas relações entre *espaço pessoal* e *espaço geral*;

- o componente *dinâmicas* pode ser ensinado e aprendido nas relações entre quatro fatores de movimento: peso, espaço, tempo e fluência;

- problematizar, articular, criticar e transformar são caminhos e atitudes sugeridos pela Proposta Metodológica da Dança no Contexto para que possamos impregnar de múltiplos sentidos os processos criativos e interpretativos da linguagem da dança;

- os componentes *corpo, espaço* e *dinâmicas* podem ser vivenciados, compreendidos e in*corpo*rados por meio de proposições que entrelacem estas quatro faces da proposta metodológica da Dança no Contexto;

- os componentes da linguagem da dança podem ser ótimos "óculos" para ler o mundo ao mesmo tempo que leituras de mundo mais críticas alimentam o próprio fazer artístico;

- as relações entre a linguagem da dança e outras áreas de conhecimento podem também ser traçadas a partir do ponto de vista da dança – seus componentes – sem que, contudo, nenhuma área de conhecimento seja priorizada;

- problematizar e criticar condicionamentos corporais e o senso comum é uma forma de lermos o mundo de outros pontos de vista, portanto, de transformá-lo. ∎

Componentes da linguagem da dança[11]

O que se move? Referência ao *movimento* e suas conexões.

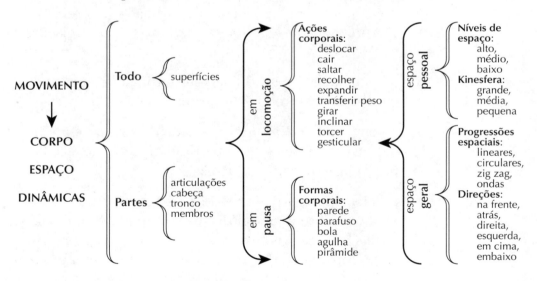

---

[11] Este quadro é uma reorganização própria dos componentes da linguagem da dança pensados para Educação Infantil (0 a 6 anos), portanto não contém uma síntese geral de todos os componentes decodificados por estudiosos da linguagem. Para esse estudo foram consultados os autores: Rudolf Laban (1966, 1974, 1975, 1978, 1985), Valerie Preston-Dunlop (1979, 1986-1988, 1998ab, 2002ab), Mollie Davies (1995, 2003), Anne Gilbert (1992), Lenira Rengel (2003), Jean Newlove (1993), Irmgard Bartenieff (2002), Peggy Hackney (2002), Karen Bradley (2009), Eden Davies (2006), Regina Miranda (2008) e Ciane Fernandes (2006). ∎

Apêndice

São Paulo, 05 de fevereiro de 2012.

Aos professores e professoras de Educação Infantil

Sou pedagoga, finalizei minha graduação no ano de 1987, na USP. É com essa liberdade, e não com a "autoridade" da especialista em ensino de dança, que me dirijo a vocês, pedagogas e pedagogos. Sendo pedagoga, me dou conta do quanto minha formação superior menosprezou qualquer tipo de educação ligada às artes. Não tive Dança – nem Arte em geral (metodologias e práticas de ensino) – no curso de graduação. Consegui superar essa lacuna com muitos anos de prática de dança em academias e estúdios privados.Tampouco recebi na faculdade qualquer estudo, crítica, prática ou leitura que fosse sobre o corpo, o corpo do pedagogo, os corpos dos alunos, as relações entre esses corpos e os processos de ensino e aprendizagem em contexto social.

Em suma, quero dizer que, desde que me formei pedagoga, sinto falta da dança nas escolas, nunca entendi porque ela é tão ausente. Talvez porque os corpos das pedagogas e pedagogos também não estejam presentes nas escolas.

Essa situação permanece praticamente inalterada em muitos cursos de Pedagogia até os dias de hoje. É por isso que, creio, compreendo perfeitamente professores de Educação Infantil que não veem/sabem seus corpos, que não prestam atenção aos corpos das crianças, que têm receio (e medo) de trabalhar com qualquer tipo de dança na escola que exija um pouco mais do que ensaios ou repetições de repertórios prontos. A falta de formação/experiência nos endurece, nos intimida, nos traz insegurança, resistência.

Mas confesso que ainda entendo pouco os professores que abrem mão de seu direito de criar, de inventar, de elaborar, e de se apropriar, enfim, de suas aulas, de seu fazer pedagógico. Não sou capaz de compreender por que me pedem atividades prontas de dança – sequências didáticas – para serem "aplicadas" nos momentos em que as crianças já estão cansadas das aulas mais "duras". Adoro a fala de Regina Machado quando afirma que "aplicar, só injeção". Concordo que referenciais são necessários, e foi isso que tentei elaborar neste livro, mas o direito de criar sua aula/projeto não pode ser tirado do professor. Eis a minha primeira súplica: sejam coprotagonistas da elaboração das proposições de dança em suas salas de aula.

Assim como penso que o professor não pode abdicar de seu direito de criar, de compor, de elaborar seus projetos/aulas, creio que tampouco pode abdicar de seu corpo. Há professores que, com o passar dos anos, não se sentam mais no chão, não se abaixam para conversar com as crianças, não correm, olham as crianças de longe no parque, sentem preguiça de se movimentar, não se movem mais! As crianças ficam corporalmente abandonadas. Mas, antes de abandonarem as crianças, quantos professores estão abandonando seus próprios corpos! Aliás, essas duas coisas caminham absolutamente juntas.

Ao abandonarem seus corpos, professores abandonam também possibilidades e potências de dança. Abandonam, portanto, as possibilidades e potenciais das crianças dançarem. Compreender a importância do corpo e da dança na educação só acontece de um jeito: in*corpo*rando a dança como linguagem e conhecimento. Professores que não têm "dança no corpo" dificilmente lograrão experiências significativas com as crianças. Com isso não quero dizer que professores de Educação Infantil devem, necessariamente, conhecer técnicas de dança, ter corpos "altamente sarados", serem eles mesmos ideais de corpos de bailarinas. Quero dizer exatamente o que disse: que professores tenham dança no corpo, a *sua* dança, no *seu* corpo... Deixo aqui minha segunda súplica: professores, não deixem seus corpos de lado, dancem mais! Aquilo que é bom para as crianças é também bom para vocês, para nós, para o mundo.

Tenho um sonho antigo: encontrar metros e metros de filas formadas por professores de Educação Infantil nas portas dos teatros; não por estarem cumprindo tarefas pedidas por seus coordenadores ou alguma avaliação de cursos de formação. Sonho com filas de professores instigados pelo puro gosto de fruir dança, de estar na presença da arte. São tantos os espetáculos gratuitos atualmente, e de boa qualidade! Se não nos tornarmos fruidores de dança, tornaremos nossas aulas de apreciação uma farsa. Uma terceira súplica: aproveitem em seus corpos/olhos o prazer da fruição da dança. Vocês já viram professores de literatura que não sabem ler? Por que, então, aceitamos professores de dança que não frequentam espetáculos/manifestações de dança?

Adoro dançar com os professores de Educação Infantil, vocês são em geral muito alegres, sabem rir de si mesmos, são buscadores, brincalhões. Adoro quando os corpos suados em cursos me dizem "agora compreendi", "agora sei no corpo do que você está falando". O melhor ainda é quando, confiantes, apostam no trabalho com seus alunos e me dizem: "deu certo!". Mas adoro também conversar: prática sem teoria não leva a nada. O fazer desenfreado combinando uma atividade após a outra logo cai em um buraco sem fundo. Assim como mente/corpo caminham juntos, prática e teoria são indissociáveis. Aceitam mais uma súplica? Leiam, leiam muito. Estudem, conversem, leiam mais ainda. Façam dos livros interlocutores de suas práticas pedagógicas de dança, isso fará toda diferença do mundo para seus alunos.

Minhas súplicas, que na verdade são desejos, exigem coragem para dançar, ousadia para criar, vontade de compartilhar, humildade para aprender, perseverança para ensinar, entusiasmo para conviver, compromisso para educar. Desejo a vocês muita coragem, vontade, humildade, perseverança, entusiasmo e compromisso.

Para finalizar, insisto em dizer que a questão política do corpo e da dança não é necessariamente uma questão partidária; que o simples não é necessariamente simplório; que a ludicidade da dança não diz respeito somente às crianças e que, finalmente, não podemos confundir Projeto Pedagógico com um rol de atividades sem sentido de conjunto e sem propósito para estarem juntos. Creio que compreender o corpo na dança e o corpo que dança de forma politizada (compromissada, propositada e propositiva), lúdica, simples e conectada é um dos maiores desafios para nós, pedagogos, professores de Educação Infantil.

Espero que este livro tenha logrado fornecer alguns subsídios prático/teóricos para realização da dança na escola, fontes de indagação e questionamento e, sobretudo, mostrado que é possível, necessário e urgente que nossos alunos possam viver/pensar dança/arte como parte efetiva de sua escolarização.

Não poderia terminar uma carta como esta sem *agradecer imensamente* aos tantos professores de São Paulo, Jacareí, Americana, Araraquara, Ourinhos, Ribeirão Preto, São Carlos, Santo André, São Caetano do Sul, Ribeirão Pires, Bauru, Campinas, Nazaré Paulista, Sorocaba, Curitiba, Faxinal do Céu, São José, Florianópolis, Chapecó, Joinville, Jaraguá do Sul, Porto Alegre, Montenegro, Lajeado, Santa Maria, Belo Horizonte, Nova Lima, Viçosa, Rio de Janeiro, Salvador, Aracaju, Maceió, Recife, João Pessoa, Natal, Fortaleza, Juazeiro do Norte, Itapipoca, Trairi, São Luiz do Maranhão, Teresina, Belém, Manaus, Porto Velho, Macapá, Boa Vista, Campo Grande, Goiânia, Caldas Novas, Goiás Velho e Brasília pela vontade política, pelo entusiasmo corporal e pela ousadia de aprender e ensinar com que estiveram presentes nos cursos e palestras que ministrei nessas cidades.

São a vontade, o entusiasmo e a ousadia destes professores que me fazem continuar acreditando e trabalhando por um país mais justo, mais ético e, claro, por uma escola mais dançante!

Muito obrigada, de corpo todo.

Isabel Marques
www.caleidos.com.br
caleidos@caleidos.com.br

Referências bibliográficas

BARBOSA, Ana Mae. **Recorte e colagem**: a influência de John Dewey no ensino da arte no Brasil. São Paulo: Cortez Editora, 1989.

_____. Modernidade e pós-modernidade no ensino da arte. **MAC Revista**, v. 1, n. 1, p. 6-15, abril, 1992.

_____. **A imagem no ensino da arte**. São Paulo: Perspectiva: 2010.

BARTENIEFF, Irmgard. **Body movement – coping with the environment**. New York: Routledge, 2002.

BORDO, Susan. **Unbearable weight**. Berkeley: University of California Press, 1993.

DAVIES, Mollie. **Movement and dance in early childhood**. London: Paul Chapman Publishing, 2003.

FAVARETTO, Celso. Arte contemporânea e educação. **Revista Ibero-americana de Educación**, no. 53, 2010, p. 225-235.

FERNANDES, Ciane. **O corpo em movimento: o sistema Laban Bartenieff na formação e pesquisa em artes cênicas**. São Paulo: Annablume, 2006.

FORTUNA, Tânia Ramos. **O museu em jogo**. Educared Argentina, 2006.

FOUCAULT, Michel. **Microfísica do poder**. Rio de Janeiro: Graal, 1979.

FOUCAULT, Michel. **Vigiar e punir**. Petrópolis: Vozes, 1991.

FUSARI, Mariazinha; FERRAZ, Maria Heloísa. **Arte na educação escolar**. São Paulo: Cortez, 1993.

FREIRE, Paulo. **Educação e mudança**. Rio de Janeiro: Paz e Terra, 1982.

GILBERT, Anne. **Creative dance for all ages**. Reston: National Dance Association, 1992.

H'DOUBLER, Margaret. **The dance and its place in education**. New York: Harcourt, Brace and Co.,1925.

_____. **Dance: A creative art experience**. Wisconsin: University of Wisconsin Press, 1977.

HACKNEY, Peggy. **Making connections**. London: Routledge, 2002.

HODGSON, John; PRESTON-DUNLOP, Valerie. **Rudolf Laban: an introduction to his work and influence**. Plymouth: Northcote House, 1990.

JOHNSON, Don. **Corpo**. Rio de Janeiro: Nova Fronteira, 1990.

LABAN, Rudolf. **Domínio do movimento**. São Paulo: Summus, 1978.

_____. **Modern educational dance**. 3UK: Northcote House, 1985.

MARQUES, Isabel. **Ensino de dança hoje: textos e contextos**. São Paulo: Cortez, 1999.

_____. **Dançando na escola**. São Paulo: Cortez, 2003.

_____. *Os jogos do corpo: do lúdico ao cênico. In*: BEMVENUTTI, Alice (Org.). **O Lúdico na prática pedagógica**. Curitiba: IPEX, 2009. p. 151-66.

_____. **Linguagem da dança: arte e ensino**. São Paulo: Digitexto, 2010.

_____. *Notas sobre o corpo e o ensino de dança*. **Caderno Pedagógico**, v. 8, n. 1, p. 31-36, 2011.

MIRANDA, Regina. **Corpo-espaço: aspectos de uma geofilosofia do corpo em movimento**. Rio de Janeiro: 7 Letras, 2008.

MOMMENSOHN, Maria e PETRELLA, Paulo. **Reflexões sobre Laban, o mestre do movimento**. São Paulo: Summus, 2006.

NEWLOVE, Jean. **Laban for actors and dancers**. New York: Routledge, 1993.

PRESTON-DUNLOP, Valerie. **A handbook for dance in education**. London: Longman, 1986.

_____. **Dance is a language, isn´t it?** London: Laban Centre for Movement and Dance, 1987.

_____. (Org.). **Dance and the performative: a choreological perspective – Laban and beyond**. London: Verve Publishing, 2002.

PUPO, Maria Lúcia. *O lúdico e a construção do sentido*. **Sala Preta**. ECA-USP, ano 1. v. 1, p. 181-87, 2001.

RENGEL, Lenira. **Dicionário Laban**. São Paulo, Annablume, 2003.

_____. **Os temas de movimento de Rudolf Laban**. São Paulo: Annablume, 2008.

RIOS, Therezinha. **Ética e competência**. São Paulo: Cortez Editora, 1985.

RUSSELL, Joan. **Creative dance in the primary school**. Plymouth: Northcote House, 1975.

SANTANA, Denise (Org). **Políticas do corpo**. São Paulo: Estação Liberdade, 1995.

SOUCY, Donald. **Anotações de aula proferida durante o curso de extensão "Diferentes Teorias sobre Arte-Educação"**, promovido pelo Museu de Arte Contemporânea da Universidade de São Paulo de 12 a 15 de maio de 1991.

STINSON, Susan. **Uma pedagogia feminista para dança da criança**. *Pró-posições*, v. 6, 3(18), p. 77-89, 1995.

_____. **Questioning our past and building a future: teacher education in Dance for the 21st Century**. *Journal of Dance Education*, v. 10, issue 4, p. 136-44, 2010.

WILSON, Brent. *Mudando conceitos da criação artística: 500 anos de arte-educação para crianças*. In: BARBOSA, Ana Mae; SALES, Heloísa (Orgs.). **O ensino da arte e sua história**. São Paulo: Museu de Arte Contemporânea da Universidade de São Paulo, 1990.